众智共享

智能化时代企业组织管理创新

侯志奎　宦飞○著

企业管理出版社
ENTERPRISE MANAGEMENT PUBLISHING HOUSE

图书在版编目（ＣＩＰ）数据

众智共享：智能化时代企业组织管理创新 / 侯志奎，宦飞著. -- 北京：企业管理出版社，2020.11
ISBN 978-7-5164-2240-3

Ⅰ．①众… Ⅱ．①侯… ②宦… Ⅲ．①企业管理－组织管理－研究 Ⅳ．①F272.9

中国版本图书馆CIP数据核字(2020)第186193号

书　　名：	众智共享：智能化时代企业组织管理创新
作　　者：	侯志奎　宦飞
选题策划：	周灵均
责任编辑：	张羿　周灵均
书　　号：	ISBN 978-7-5164-2240-3
出版发行：	企业管理出版社
地　　址：	北京市海淀区紫竹院南路17号　　邮编：100048
网　　址：	http://www.emph.cn
电　　话：	编辑部　（010）68456991　　发行部　（010）68701073
电子信箱：	emph003@sina.cn
印　　刷：	北京华创印务有限公司
经　　销：	新华书店
规　　格：	170毫米×230毫米　　16开本　　13印张　　170千字
版　　次：	2020年11月第1版　　2020年11月第1次印刷
定　　价：	88.00元

版权所有　翻印必究·印装有误　负责调换

序 一

根据世界经济的规律来看，开放、合作与共享是历史发展的潮流与趋势。人类创造的行业越来越多，涉及的领域越来越广，钻研的程度也越来越深，客观上需要更多的智慧参与才能取得进展。唯有开放、合作与共享，才能让更多的人与智慧参与进来，为整体的发展贡献更多的力量。

虽然近年来国家之间的信息和技术壁垒有所加强，但这也只是发展过程中的波折，历史的大趋势必然难以阻挡。更何况，历史的经验也告诉我们，大到国家、小到公司，封闭必然导致落后。我们应朝着开放与共享的方向发展，做符合历史潮流的事情。

随着 5G 技术的应用以及人工智能的发展，"万物互联"这一具有无限发展空间的美好图景不断向着我们靠近。经济学家眼中的生产要素及优化配置资源将得到跨越式的提升，我们的生产力也将随之得到跨越式的提升。与此同时，我们的消费同样能通过共享的方式得到更加优化的配置，整体社会资源的使用效率也会得到极大的提升。在未来的生产乃至生活中，我们人类最重要的价值是个人智慧在社会中的参与和共享。

人类一直在寻求把自己的智慧分享出来。我们的社会也正是靠着人们的智慧分享才发展到今天。正因为如此，衡量个人幸福的标准，不再是看他生活水平有多高，而是看他的才华是否得到了充分的施展。也正因为如此，管理的目标是充分激发与运用个人的才华；而才华的施展与运用，实际上就是将个人的智慧向社会共享。

在 20 多年推动教导型组织的过程中，我一直主张"激发"与"共享"——激发员工的潜能、共享员工的智慧，让员工与企业相互成就。我也一向反对那种把员工当作工具或手段的管理主张。因为从理念上来讲，人本主义的管理观更为先进，从实际来看这种管理也更加有利于企业发展。

如今的企业发展，越来越多地依靠创新，依靠多维度、持续性的创新。大到企业决策、技术产品，小到客户交流、服务体验，都可以进行创新，都可能带来效益。这就需要去激励与发挥每个岗位中每位员工的智慧，让他们积极参与，让他们共享智慧。同时，还要让他们成为智慧共享的渠道，去接受客户的智慧、同行的智慧、社会的智慧。

在这本书里，我的目标就是与所有的读者一起探究，如何来打造一套智慧升级与共享的系统，去充分激励员工的潜能，发挥员工的才华，并将我们的企业打造成为一个开放的、共享的平台。我深信，我们所做的事情，能帮助企业适应环境变化，通过不断地演化创新，战胜所有困难。

最后，感谢和我一同创业的伙伴与战友，感谢宦导，感谢每一位会长合伙人和每一位首席学习官。我们这一路走来，一直在坚持分享，一直在坚持打造共享型的组织。这本书也是我们众智共享的产物。同时，感谢这本书的特约策划、我的老同事小巍老师在文字方面的协助，感谢每一位推荐本书的师友以及每一位读者朋友。

2020 年 9 月

序 二

1999年,我从江苏到昆明创办企业。2002年的夏天,在一次课程中,结识了当时正在昆明创办"企业联合大学"的侯志奎先生。后来我作为一名企业家讲师也加入了"企业联合大学",那算是与侯导的第一次"握手"。2004年,侯导只身去上海发展,创办了上海行动成功教育集团。那时我们虽不常见面,但也时常联系。说来也巧,2006年年底,我们公司因项目合作到了江苏常州,在那里结识了潘相成等一批常州的企业家朋友。当时侯导的"行动成功"在培训业已是如日中天,也因此有机会邀请到侯导做客常州,为常州的企业家们传经送宝——举办了公益课。在教育培训的这条路上,我经常与侯导探讨,共同学习。侯导对新生事物有着极强的好奇心,系统理论的总结与归纳能力亦远超常人。

2013年,侯导在经历了"行动成功"的分家事件后,逐渐地沉淀下来,也日渐成熟稳健,正如他本人所说,"这是一场生命的修行"。后来侯导创办了师道知识管理集团,专注于研发教导型组织升级"教导模式"课程,如今在全国开课已达350多期了。

2016年8月"老侯代读"公众号上线,我们有机会又坐到了一起,交流对企业学习的理解,我们看到企业在培训上投入的时间成本和费用成本很大,且难以落地,也缺乏持久性。企业产品与服务的迭代升级,是源于不断满足客户体验感的需求,一线员工与客户的互动最多,最了解企业自身的产品和服务需要提升的空间。企业要建立起对市场的快速反应机制，需要一线员工积极参与到企业经营活动中来。我们一些企业恰恰没有设置一线员工的反馈通道，也没有建立员工反馈市场信息的机制和文化，这是企业管理的一大痛点。任正非说过，"让听得见炮声的人来做决策"。客户的抱怨与痛点正是企业要提高的空间，也是业绩提升的必要条件。于是，我们开始倡导"岗位即课堂，工作即培训，同事即老师，问题即课题""在工作中学习工作"的自学习理念。我们着重挑选了企业管理、商业趋势、市场营销、团队建设、员工成长方面的课题。侯总以主题代读的形式，围绕企业的经营归纳总结成30分钟的线上主题课程。我们帮助企业建立自学习社群，企业员工每周或半个月一次，开展自学习活动。在工作之余，通过半小时的主题课程引导，让员工围绕本岗位工作，反省总结，相互之间交流反馈。通过这种形式，不断提高产品质量以及员工的服务技能。

2017年伊始，我们创办了"教导读书会"企业自学习系统。一大批中小型企业开始运用"教导读书会"落地线下企业自学习社群。建立了企业自学习系统，员工因此可以排除外界信息的干扰，专注于本岗位工作。员工在做中学、学中做，不断提高自身技能，优化岗位操作流程，从而为客户提供安全、优质的产品与便利的服务。泰州靖江草原酒楼董事长朱丽娟是第一批带领员工运用"教导读书会"线下自学习社群的企业家之一。员工们从一开始的不理解、不接受到后来的积极参与，经过一年多的企业自学习社群建设，企业从基层发现并培养了一批优秀的中层领导。企业每周推出一款新产品，在学习中员工的创新能力得到提升，不仅提高了营业额，员工也有了归属感，企业面貌焕然一新。这样的例子在全国数不胜数。

在此要特别感谢"教导读书会"全国的城市发起人：昆明的唐艳萍、刘迎萍，上海的邓红清，常州的邹燕丽、钱书平、连培清，深圳的马慧瑾，无锡的马朝，苏州的王一涵，泰州的万诗蔓，成都的何思颖，中山的李蜜南，长春的初晓，乌鲁木齐的严志坤，重庆的李定达，贵阳的王小群，长沙的李继群，温哥华的 Jacky Xu；还有全国各地的学习官以及以杨德云、陈亮为领导的技术研发团队。正因为有这群立志于帮助企业建立自学习社群的伙伴们进入企业，才使得企业员工完成了从向"名师"学习到自己成为"明师"的转变。员工通过本岗位工作的历练，不断总结反馈，并参与到企业的经营中去，由此形成了企业众智共享的创新运营系统。如今"教导读书会"实现了全方位的迭代升级，能够系统地指导企业员工，使人人成为学习官，人人讲企业的故事、讲岗位的故事、讲客户的故事，让每一位员工都成为本岗位工作的"明师"。

《众智共享——智能化时代企业组织管理创新》一书的出版，旨在抛砖引玉，引起企业家朋友的关注，来共同探索智能时代企业组织管理的创新。文化健身，效益强体。在当今时代，无论是企业还是个人，要获得长远发展，需知识共享、智慧共享。

2020 年 9 月

目 录

第一章 智慧涌现：众智共享的理论基础 ... 1

引子：企业组织的群体力量从何而来 ... 2

第一节 智慧涌现理论与实践：群体智慧的产生及控制 ... 4
一、涌现理论：整体大于部分之和 ... 4
二、"涌现"的智慧与万物的适应性 ... 8
三、企业存续需要适应环境的群体智慧 ... 10
四、只有不失控，才能"众愚成智" ... 11

第二节 智慧涌现的基本逻辑：连接、碰撞、独立 ... 15
一、避免个人意见取代群体意见 ... 15
二、激发群体智慧的三个基本条件 ... 16
三、商业创新往往来自跨界之中 ... 18
四、在主动的交流与碰撞中受益 ... 21

第三节 智慧涌现的驱动因素：信息革命 ... 25
一、信息连接与碰撞下的高级智慧 ... 25
二、信息革命与人类智慧密切相关 ... 26
三、互联网信息传递链条的特征与作用 ... 28
四、互联网时代信息流动的价值与问题 ... 30

第二章　人工智能：众智共享的时代产物 ········· 35

- 引子：适应连接环境，实现自我进化 ········· 36
- 第一节　人工智能就是我，我就是人工智能 ········· 38
  - 一、人工智能崛起，人脑输给电脑 ········· 38
  - 二、企业要利用好人工智能这个"风口" ········· 42
  - 三、每个人都是人工智能的参与者 ········· 42
  - 四、人工智能两大路径：算法和数据库 ········· 43
- 第二节　万物有灵，连接就能产生价值 ········· 47
  - 一、信息新编码"0"和"1"创造的连接 ········· 47
  - 二、读取信息的正确方式：多维看待事物 ········· 48
  - 三、建立起产品与人之间的双向连接 ········· 50
  - 四、人工智能通过数据"管理"万事万物 ········· 52
- 第三节　通过智慧共享，激发更多智慧 ········· 55
  - 一、开放还是保护，免费模式从中而出 ········· 55
  - 二、信息是免费的，服务是收费的 ········· 57
  - 三、共享经济让免费与付费共生互利 ········· 59
  - 四、认知盈余条件下的智慧共享模式 ········· 61

第三章　众智社群：众智共享的典型场景 ········· 63

- 引子：社群组织具有"特异功能" ········· 64
- 第一节　适应组织变革需要，建立适合自己的组织系统 ········· 66
  - 一、人类群体发展的大致脉络 ········· 66
  - 二、连接的加强对人类群体与组织的影响 ········· 68
  - 三、辩证看待"分布式"组织与"中心化"组织 ········· 71

　　　　四、企业要有"中心化"和"分布式"两套系统……………… 73
　　第二节　社群化运营，个体、企业、领导、场景一个都不能少……… 76
　　　　一、社群：典型的"分布式"组织结构……………………… 76
　　　　二、社群运营：个体需要依存群体………………………… 76
　　　　三、社群运营：打造企业内外部众智社群…………………… 79
　　　　四、社群运营：领导力、领导者角色、交流场景……………… 82
　　第三节　激活社群，重在汇集众智进行共享…………………… 85
　　　　一、人类一旦成群，吉凶就在其中………………………… 85
　　　　二、群体智慧的高低，取决于群体内部规则…………………… 86
　　　　三、相互连接和碰撞是激活社群的有效手段…………………… 88
　　　　四、从知乎看社群主题与用户的相互匹配…………………… 89

第四章　创新机制：众智共享的管理趋势 ……………… 93

　　引子：创新，就是在不确定的环境中寻找目标………………… 94
　　第一节　管理，必须能够促进创新……………………………… 98
　　　　一、要创新就必须颠覆自己的固有模式………………………… 98
　　　　二、管理是一种帮助和促进创新的行为………………………… 99
　　　　三、打破控制式管理，容忍一定程度的"冗余"………………… 100
　　第二节　开放式自组织，让群体更为方便地涌现出智慧……… 106
　　　　一、从华为管理思想看如何增加组织的负熵…………………… 106
　　　　二、社会化智慧共享模式：我不认识你，但我在用你的智慧…… 110
　　　　三、避免熵增，由传统的组织结构转向平台型组织结构………… 112
　　第三节　打造自组织，实现众智共享…………………………… 115
　　　　一、从连接、碰撞、独立入手，打造智慧涌现的自组织………… 115

二、建立"中心化"和"分布式"双系统，实现众智共享……… 119
- 第四节　打造与组织结构匹配的文化…………………………… 122
  一、打造与"中心化"组织结构相匹配的中心文化………… 122
  二、打造与"分布式"组织结构相匹配的众智共享文化…… 123
  三、拥有"一流智力"的领导者才能打造双重企业文化…… 124

第五章　管理实践：众智共享的最初探索……………………… 127

- 引子：在实践中找寻"众智共享"的路线图…………………… 128
- 第一节　创业维艰，为众智共享奠定原始基础………………… 130
  一、生活的细节就是最好的老师……………………………… 130
  二、痛并快乐，创业之路……………………………………… 132
  三、创业就是一个学习的过程………………………………… 133
- 第二节　分享与共享，全力打造我们的众智共享社群………… 136
  一、共享客户的智慧…………………………………………… 136
  二、"在战争中学习战争"…………………………………… 137
  三、打造智慧共享社群………………………………………… 138
  四、分享也是一种乐趣………………………………………… 139
- 第三节　教导之路：在众智共享的道路上探寻………………… 141
  一、管理中坚持团队学习与智慧共享………………………… 141
  二、教导型组织………………………………………………… 142
  三、教育引导式管理…………………………………………… 143
  四、在企业中植入学习基因…………………………………… 145

第六章　时代的课题：众智共享式解决方案 ……………… 147

- 引子：管理变革：企业持续发展的有效模式 ……………………… 148
- 第一节　管理变革：商业与组织进化催生变革 ………………… 150
  - 一、以创新为管理目标的转变 …………………………………… 150
  - 二、管理结构向现代管理结构过渡 ……………………………… 150
  - 三、管理模式全面升级 …………………………………………… 152
- 第二节　企业自学习：保留组织基业长青的基因 ……………… 154
  - 一、创造力来自学习 ……………………………………………… 154
  - 二、学习永远不是浪费 …………………………………………… 155
  - 三、重视企业学习的误区 ………………………………………… 156
  - 四、透析企业学习的痛点 ………………………………………… 157
  - 五、让自学习模式在企业中成为一种习惯 ……………………… 159
- 第三节　企业众智共享促进组织成长 …………………………… 161
  - 一、众智共享式解决方案 ………………………………………… 161
  - 二、企业自学习社群 ……………………………………………… 162

第七章　读书会：众智共享落地模式 ……………………… 163

- 引子：教导读书会使众智共享成功落地 ………………………… 164
- 第一节　如何在企业中创建一个读书会机制 …………………… 165
  - 一、读书会制度流程助力企业建立成长性组织 ………………… 165
  - 二、创建独具特色的读书会 ……………………………………… 167
  - 三、在读书会中改进与提升 ……………………………………… 169
- 第二节　如何打造高效的教导读书会 …………………………… 170
  - 一、教导读书会的缘起探析 ……………………………………… 170

二、教导读书会的定位与目标 ……………………………………… 173

三、教导读书会的核心价值与使命 ………………………………… 174

四、从读有字之书升华为读懂无字之书 …………………………… 175

第三节　自学习社群与教导读书会共筑众智共享平台 ……………… 176

一、推动一场自学习的革命 ………………………………………… 176

二、打造众智共享平台 ……………………………………………… 177

第八章　准备挑战：改变自我，开启众智共享 ……………… 185

引子：做一个既能高高在上又能俯下身姿的管理者 ………………… 186

一、管理者角色的转变挑战 ………………………………………… 186

二、自学习社群学习力挑战 ………………………………………… 189

三、从被动学习模式到主动学习模式的转变 ……………………… 191

后记 …………………………………………………………………… 193

第一章
智慧涌现：众智共享的理论基础

士虽有学，而行为本焉。

——《墨子·修身》

引子：企业组织的群体力量从何而来

中央电视台曾播放过一部大型电视纪录片《公司的力量》，为我们展示了公司这种经济组织形式自诞生以来，如何在短短两百年里一步步成为人类经济活动中的主体，并推动人类文明飞速发展。时至今日，人类社会相较于公司产生之前，已经发生了翻天覆地的变化，而公司也已成为社会经济活动中最主要的组织，并逐步由经济领域延伸至社会的方方面面，成为介于国家与个人之间，在各个领域都具有重要影响力和支配力的社会性组织。

每家公司在成立之时，都会有各种资产和其他的投资，其价格或者说价值是十分明确的。比如在人力资源方面，公司会对每一位员工进行价值估算，给他们制定合理的薪酬。这些员工——不管是核心高管还是普通员工，他们的薪酬范围都是劳资双方在人才市场中经过长期博弈而产生的，也是被市场认可的。在实际签约时，员工的薪酬是劳资双方都可以接受的，甚至是有所溢出的。按照一般的逻辑，一家公司的价值应该包括固定资产、硬件成本、人力成本。但是，不管是哪家机构来对一家公司进行估值，其最终的结果都会远远超出上述几个部分的范围。事实上，企业组织的价值不是上述几个部分简单相加的结果，企业组织本身也是有其固有价值的。

组织本身的价值何在？这也一直是管理学想要解答的问题。管理学家已经从市场、制度、人力资源、品牌等各个角度进行研究，试图回答这个问题，也都取得了具有启示性的成果。但是从根本上来说，我们始终没能解决一个问题，那就是：为什么群体的力量要远远大于个体力量相加？也就是说，为什么人们一旦组织起来成为一个群体，这个群体就会产生"1+1>2"的效果？产生这个效果的力量从何而来？

这个问题似乎违反了一般人的直觉和逻辑，也不符合基本的数学原理。但如果我们解答了这个问题，就意味着我们掌握了企业组织核心、基础的规律，那么我们也就可以运用这个规律，提升公司的组织运营能力，从而实现公司价值的最大化。

第一节
智慧涌现理论与实践：群体智慧的产生及控制

一、涌现理论：整体大于部分之和

当对一只蚂蚁进行单独观测的时候，我们会发现它的智能程度非常低，似乎身体感受不到周围的状况，以至于行为混乱而低效，因此我们常常会将其比喻成"二维生物"。它们总是漫无目的地到处爬来爬去，毫无方向感，爬行路线也是弯弯曲曲的。这种印象在观察它们搬家的时候尤为强烈：它们各自咬着蚁卵和食物，相互之间时常会胡乱争抢，一遇到别的蚂蚁就会交头接耳一番。但是，如果我们站远一点儿再看，众多蚂蚁排成密密麻麻、弯弯曲曲的长长队伍，以一路或几路纵队行进，从不散乱，一条粗细均匀的黑线从这一点连到那一点，带有一种滚滚向前的动感，这支队伍蕴涵着一种巨大的力量。也就是说，当对一个蚁群进行观测的时候，我们就会发现它们常常表现出更高的智慧特征——那些混乱无序、行为随机的个体组合起来之后，就会形成一个高效而有序的整体，并能通过相互的协同来高效完成一个个十分复杂的任务。

有一个蚂蚁抱团求生的故事，说是在遇到火灾的时候，无数只蚂蚁会紧紧地抱成一个球形，从火焰中快速滚过去。蚂蚁团表面的蚂蚁虽然被烧死了，但是在蚁团中间的蚂蚁绝大多数活了下来，最终让种群得到延续。这个故事颇为神奇，昆虫学家的实验证实，其可信度非常高。以南美的红火蚁为例，为了研究它们是如何在洪水泛滥的亚马孙河流域生存的，科研人员在实验室中对它们做了很多实验，发现它们遇到地表断裂的地方，就会以身体相接的方式架起一座"桥"，其他蚂蚁就从这座"桥"上爬过去。这座"桥"还能抱成一个紧实的球体，即使被抛起和摇晃，也能保持紧密不散。在遇到水的时候，它们也能相互抱团，组成一只"浮舟"，即使被按压进水里也能自动浮起来。看过这些实验之后，你很难再怀疑"蚂蚁抱团冲过火海"的真实性了。同时，你也会对蚂蚁形成群体之后爆发的高智能感到震惊，蚁群从一个个弱小的个体，结成了一个更加强大的、具有独立意识的"个体"，展现出了不同于单独个体的全新特性。

除了蚁群之外，蜂群、鱼群、鸟群、兽群等，这些动物一旦成"群"，就都会出现类似的现象。从个体来说，这些动物很不起眼，可一旦形成群体，就可以形成一个个千变万化的动态组合，能自动避开障碍，分群后还能重新组合，从而产生让人眼花缭乱、叹为观止的图案。这些运动和变化着的图案，如果要依靠一个中央"头脑"来设计，其复杂程度是相当高的，即使是人类的大脑也很难完成这样的设计和动作。这些动物群体完全不存在一个中央指挥系统，没有一个"大脑"在操控它们，但是它们完成了人类大脑难以完成的复杂任务，仅仅通过简单的组合，就产生了个体完全不具备的某种别样属性。

不仅是蚁群、蜂群等生物有这个特点，非生物的事物一旦组合起来，同样能展现出类似的特性。以水为例，当我们将水槽中出水孔的塞子拔出来后，水槽中的水从出水孔中流出，就会在水面形成一个旋涡；当我们研究单个水分子属性的时候，不管如何深入观测，永远也不可能看出单个水分子具有形成旋涡的属性；当我们只是研究一滴水的时候，也不可能得出一滴水能形成旋涡的结论。但是，当一定量的水滴聚合在一起作为一个整体存在时，我们就发现它们会展现出全新的特征，这时的水可以流动，可以形成旋涡，可以激起浪花，可以在流经一块石头时形成驻波，等等。

较早研究自然界这一现象的人是美国知名学者道格拉斯·霍夫斯塔特，他还给自己起了一个中文名叫侯世达。侯世达有许多跨度极大的头衔，是物理学家、计算机学家、认知神经学家、比较文学家、翻译家，堪称"大牛"。侯世达是一位颇具传奇色彩的人物，他出身名门，家学深厚。他的父亲罗伯特·霍夫斯塔特是著名物理学家，1961年获得诺贝尔物理学奖。他本人学数学出身，后来转攻物理，花了10年时间，跟了4位导师，直到30岁才艰难地拿到博士学位。他的博士论文发表在顶级的学术期刊上，并被广泛引用，成为经典。正当人们以为他会子承父业从事物理研究的时候，他却突然回家赋闲了两年。在这段时间里，他将自己之前深入研究思考过的问题写成了一本大部头的著作《哥德尔、艾舍尔、巴赫：集异璧之大成》。此书1997年一经出版，立即产生了轰动性的影响，直接拿下了当年的"普利策奖"和美国"国家图书奖"。在这本书中，侯世达深入探讨了绘画、音乐、哲学、语言学、认知科学、生物遗传、数理逻辑、可计算理论、系统控制论、人工智能等诸多方面的理论知识，并在很多前沿领域提出了前瞻性的意见，被人们誉为人工智能的"圣经"，也直接奠定了侯世达的人工智能权威的地位。

正是在这本书里面，侯世达率先提出了"涌现"理论，用来描述"整体大于部分之和"的现象，并很快成为现代人工智能研究的一个重要方向。他以蚁群做比喻，认为不管这些蚂蚁的能力多么有限，但整个蚁群在探索和开拓其周围环境的过程中，展现了非凡的灵活性。这些简单的蚂蚁一旦成群，就会产生一种远远超过个体能力的能量，这就是涌现行为。值得注意的是，这种涌现行为是在没有一个中心执行者进行控制的情况下发生的。

涌现理论提出之后，美国密歇根大学心理学教授与电子工程及计算机科学教授约翰·霍兰也对这一现象进行了深入研究探索，并出版了第一本关于"涌现"的专著《涌现：从混沌到有序》。在这本书里面，约翰·霍兰教授指出，涌现的本质就是由小生大、由简入繁。少数规则和规律生成了复杂的系统，而且以不断变化的形式引起永恒的新奇和新的涌现现象。我们对整个世界的理解，大部分都是从少数基本的方程出发的，而这些方程的核心，就是以牛顿和麦克斯韦的理论为基础。

同时，约翰·霍兰教授大大拓展了涌现现象的范畴，将所有复杂的事物都纳入了涌现的范畴。例如，一粒种子长成一棵参天大树，无生命的分子最终组成了有意识的人类，甚至包括人类所有的创造性活动。除此之外，从棋牌游戏到社会经济运行、从对企业和政府进行改革到创建新的科学理论，所有这一切，都涉及受控制的涌现现象。在约翰·霍兰教授看来，涌现的背后，依靠的仅仅是最简单的规则。也就是说，一大群简单的个体集合在一起，涌现出一个具有全新特性的小群体；大量具有不同特性的小群体又集合在一起，涌现出一个具有更多特性的、复杂的大群体；而大量不同的复杂大群体再一次集合在一起，又会涌现出具有更多特性、更为复杂的超大群体。经过这样的递进式涌现之后，毫无生命的物质最终将进化为能够展现智慧特性的生命。

涌现理论与我国几千年前的老子的"大道至简"的思想不谋而合。老子说"道生一，一生二，二生三，三生万物"，其中的"道"就是涌现背后的简单规律，最后生成了我们今天这个多姿多彩、纷繁复杂的世界。

更奇妙的是，老子依据自己的哲学思想，提出了核心治国理念——无为而治。目前，前沿的管理学者根据群体智慧涌现出的原理提出的管理思想，恰恰就是"无为而治"。这种管理思想对之前上百年的企业管理经验所积累的规范管理进行了深度反思，转而倡导非规范式的管理，主张自组织、自商业、自我管理、扁平化，总之就是尽量减少层级、减少强力干预，以便充分激发个体与群体的智慧，让组织自我进化。

二、"涌现"的智慧与万物的适应性

我们前面说过，如果想依靠一个中央"大脑"来设计和指挥鸟群中的每一只鸟飞行，并让它们组成一系列的图案，这个任务是很难完成的。这个难题最早出现在拍摄动画电影的过程中。为了在动画电影中模拟出鸟群的飞翔状态，程序员必须设计出成千上万只"动画鸟"，更要为每只动画鸟设计出独立的飞行轨迹，然后将轨迹组合起来运行。但最终发现，这样做不仅费时费力、计算量超级大，而且效果也非常差，观众一眼就能看出动画中的鸟群和真实的鸟群是不一样的。

1987年，计算机科学家克雷格·雷诺兹创造性地开发了一种具有简单算法的软件，能在电脑中完美模拟鸟群飞翔。他不再去为每只鸟设计飞行轨迹，而是制定了三条规则，并让所有的鸟都遵守这三条规则。这三条规则是：第一，每只鸟不与其他鸟相撞；第二，每只鸟不要落单；第三，每只鸟飞行的方向与附近鸟的平均飞行方向保持一致。至于鸟的飞行轨迹，完全不予控制和设定。电脑模拟结果显示，这样的动画鸟群和我们所看到的真实鸟群的飞翔情境简直就是一模一样。在这个算法中，"鸟群"没有任何的指挥者，每只"鸟"只是根据自己的局部环境来调整自己的飞行状态，从而完全能够像真实鸟群一样不断地形成各种变幻莫测的图案。只要运行这个软件程序，"鸟群"就会一直飞下去，并且会不断涌现出全新的图案，永远不会重复。

这种不需要外部指令，仅仅按照内部规则就能协调自动形成有序的结构，并各尽其责运行的组织，就是自组织。自组织的显著特征就是能够根据外部反馈做出适应性反应，并且不断迭代和升级。比如"鸟群"在遇到障碍物的时候，会自动避开，可能每一次避开的方式都不一样，但是避开的能力保留了下来，那些不能产生出避开障碍物的"鸟"就会被淘汰。人类也一样，人类成群后，会在不同的环境中演化出不同的文明。人类可能每重新开启一次，都会有完全不同的演化道路，也会演化出完全不一样的文明。但只要能生存和繁衍并保留下来，就证明这种文明是能适应环境的；反之，那些不能适应环境的文明，就会把演化出这种文明的人群带进死胡同，消失在历史的长河中。

现在大多数学者在人类起源问题上的一个共识是，人类起源于非洲。但是人类从非洲出走不止发生过一次。欧洲的尼安德特人，我们中国的元谋人、北京猿人，都有上百万年的历史。他们分布在世界各地，发展出完全不同的族群形态，但是都先后灭绝了。现在全世界生存下来的人类，根据基因考证，都是十万年前从非洲走出来的"智人"种。智人分布到世界各地，也发展出完全不同的文化，但是其中大部分族群都灭绝了。比如复活节岛上的族群，他们也进化出了比较高级的文明，造出了许多的巨石人像。但是因为他们的文明对环境的反馈，没能持续做出有效的反应，使他们最终灭绝了。我们这些生存下来的族群，都是对环境反馈做出有效的反应，并形成了适应性的文明，然后不断进化，最终繁衍下来。

事实说明，一个文明是否能繁衍下来，并不取决于这个文明本身的性质，而是取决于它对环境的反应，这在很大程度上就像是"碰运气"。这些群体一代代地"瞎碰乱撞"，最终保留下那些对生存有利的特点。生存下来的每一代，都站在上一代的基础之上，因此才能一代代往前发展。有的群体在一个比较适宜友好的环境中，他们的文明即使不那么优秀，也生存下来了。有的群体在一个比较险恶剧变的环境中，那么他们的文明即使非常优秀，也很容易灭绝。

三、企业存续需要适应环境的群体智慧

企业的经营活动其实也是一样的。很多人说创业是九死一生，绝大多数公司都在某种商业环境中被淘汰了。一个公司能否存活下来，核心的因素不是这家公司本身具有多么强的技术能力、组织能力等这些内在的条件，而是取决于它对环境的响应能力和试错能力。如果一家公司处在一个经济危机的环境中，那么这家公司最需要的能力就是度过经济危机的能力。如果一家公司处在竞争激烈的环境中，那么这家公司最需要的能力就是战胜同行竞争对手的能力。

公司生存下来的根本，是能够迅速地对环境给自己提出的要求做出有效的响应，而不在乎你用什么样的方式来响应。比如中国现在的大型互联网公司，基本上都是在1998年前后成立的，为什么呢？因为美国之前那段时间正在酝酿一场互联网泡沫，从1995年开始酝酿，到2000年破灭。所以1998年前后，是中国互联网公司的一个"窗口期"。如果公司成立得太早，那时互联网泡沫还没有吹起来，没有钱也没有市场，就很难发展起来。如果公司再晚两年成立，互联网泡沫破灭了，互联网公司拿不到任何投资，也很难发展起来。中国现在的互联网巨头，如新浪、搜狐、阿里巴巴、腾讯、百度、京东等，刚好都是成立于1998年前后，并且在这个泡沫破灭之前拿到了来自互联网投资市场的巨额投资，从而熬过互联网"寒冬"并生存了下来。在互联网"寒冬"这种极端的环境中，这些公司都练出了一身"硬本领"，等到"寒冬"过去，他们就快速发展起来了。

因此，一个组织要想熬过"寒冬"，除了运气之外，还要有快速打造适应"寒冬"、对抗"寒冬"的能力。这种对环境适应能力的养成，需要不断地快速试错，在试错中进行迭代进化，以适应永远在变动和不可预测的"混沌"环境。如果环境已经发生变化了，而你没有意识到，或者对这种变化反应不及时，就很可能会出现诺基亚末任总裁式的哀叹："我们什么都没有做错，但不知道为什么，我们就是输了！"

事实上，曾经的诺基亚，是手机中的王者，让人仰视。然而，神话与衰败之间只有一步之遥。诺基亚手机在 2007 年达到顶峰，在 iPhone 出来改变手机定义的时候，诺基亚却傲慢无视；在安卓机加速硬件进步时，诺基亚应对缓慢，以致硬件落后太多。2010 年，安卓系统声名鹊起，三星、HTC、索尼等不少手机厂商都和谷歌牵手。当时谷歌和诺基亚展开了几轮谈判，希望诺基亚能够使用安卓系统，但双方始终没能达成一致。由于诺基亚没有及时搭上智能手机这条快船，它的陨落自然成了历史的必然。

四、只有不失控，才能"众愚成智"

众多无生命体的集合，能够涌现出智慧生命；众多智慧生命的集合，能够涌现出群体智慧。对此，凯文·凯利在《失控：机器、社会与经济的新生物学》一书中，将其称为"众愚成智"。然而，这一切并没有一个中心力量在设计和指挥，完全是随机的和自发的。群体智慧具有无穷的"创新"属性，但是也具有一些我们并不希望的属性和后果。其中最突出的一项就是失控。

以上述的动画鸟群为例，每一只鸟都是程序员设计出来的，每一只鸟的飞行规则也是程序员设计出来的，但是这个程序一旦运行起来，动画鸟群就像获得了自己的生命一样，变成了一个完全不可控，也不可预测的组织体。它们可以像真实的鸟群那样飞翔，组合成无穷无尽的图案。但我们只能看到鸟群当下的样子，鸟群的下一秒会是什么样子，我们无论通过怎样的方式都不可能预先知道，只能被动地等到下一秒才能看到。

自组织一旦运行起来，它们就完全不可控也不可预测，让它们重复运行一万次也不会有一次是相同的。这又是一个违反我们长期以来形成的思维惯性的结论。我们习惯于世界是可以测量与预知的，但是在大自然以及人类社会中，几乎所有的复杂系统和复杂环境都是在不断运行的自组织，都存在着不可控、不可预知的特性。或许，这个复杂系统的各个部分我们都是确定的，并且完全掌握了法则，但是它们组合在一起之后就会涌现出全新的特性，产生出完全不可预测的现象。科学上把这种现象称为"混沌"。

我们都听说过"蝴蝶效应"，说的是"一只南美洲亚马孙河流域热带雨林中的蝴蝶，偶尔扇动几下翅膀，可以在两周以后引起美国得克萨斯州的一场龙卷风"。"蝴蝶效应"经常被人们用来佐证细节管理的重要性，然而这种解读完全是一种误读。其实，"蝴蝶效应"表达的是复杂系统的不可预测性。比如在气候这个复杂系统中，如果按照理论计算，一只蝴蝶扇动翅膀，是完全有可能带来一场龙卷风的。反过来说，如果我们去探究某场龙卷风的产生原因，最后发现是由一只万里之外的蝴蝶扇动了几下翅膀带来的，也完全不要奇怪。就像欧洲的一个故事说，一场战争中，由于少了一颗铁钉导致一匹马的马掌松动，这匹马在奔跑中摔倒，使得骑在马上的将军被摔死，最终导致这支军队打了败仗。这场败仗让一座城池失陷，进而使一个国家灭亡。所以，"蝴蝶效应"真正想要表达的意思是，在一个复杂的系统中，即使初始条件是一样的，但其中任何一个细微的变化都可能会产生连锁和放大的效应，并最终带来完全无法预料的重大后果。

以股市为例，股市和天气一样，是一套复杂的系统。科学已经证明，长期精确预报天气是不可能实现的，我们只能在短期得到一个近似的预报。同样，股市也不可能长期准确预测。即使股市有 100 万天都是从一个相同的指数开始的，那也不可能出现一次两条完全相同的 K 线。谁也不能控制，谁也不能预测，因为每次控制和预测都会对结果造成干扰，增加新的变数。

股市是这样，经济的其他领域又何尝不是这样呢？经济领域是一个意见分歧很大的地方。一派经济学家主张用国家干预来调节经济，而另一派经济学家则主张用市场来自由调节。国家干预是一只"有形的手"，市场是一只"无形的手"。国家这只手强而有力，但经济是一个复杂系统，国家这只手进行干预会产生什么效果，是谁也无法预测的。国家干预有时候有效，有时候无效，这里面的因果关系不是特别明确，而且可能会带来某些负面效果。"市场"本身就是从经济系统中涌现出来的"群体智慧"，用不确定中涌现和进化出来的"智慧"来调节不确定的、混沌的经济，从长远来看或许更适合实际情况。

在今天这个迅速变化的大环境中，新技术不断涌现，"黑天鹅事件"（指非常难以预测且不寻常的事件，通常会引起市场连锁负面反应甚至颠覆的事件）层出不穷，每个人都越来越深刻地感受到了"不确定性"的存在。今天定好的战略，明天突然发现市场环境变了，计划已经跟不上变化了。今天研发了一项新技术或一款新产品，明天就被别人模仿了或者超越了。同时，社会信息传播越来越快，一件小事，可能通过互联网迅速放大，进而酿成了一场严重的公关危机。一个人也可能会因为一个偶然事件而成为人人皆知的"网络红人"。

混沌大学创始人李善友教授在《颠覆式创新：移动互联网时代的生

存法则》一书中，为我们描述了传统经营与现代经营的不同路径：传统的经营路径是"点到点"的，过程可能有曲折，但目标是明确的；而现代的经营路径，出发前我们不知道自己在哪里，出发之后很可能发现路径和方向都已经变化了，因此我们要做的就是快速地对环境做出反馈，不断调整自己的战略战术，最终渡过一条过程的河流，到达成功的彼岸。这种描述和我们前面所说的"鸟群"是多么相似。没有既定的路径，只有随着环境变化快速做出反应，快速试错迭代，不断进化。

快速试错迭代，是一个成本高昂的活动。因此，只有不断涌现智慧的群体，才有可能试错迭代成功。因为群体智慧拥有无穷的"创新"，能够有效应对"混沌"的环境。

所以，我们今天的管理，最终目标就是建立对外界能迅捷反馈并自我进化的自组织。这个"外界"的核心，应该始终立足于外部市场，而不是领导人的意志。这正是我们接下来将要讨论的话题。

第二节
智慧涌现的基本逻辑：连接、碰撞、独立

一、避免个人意见取代群体意见

让人群涌现出群体智慧，首先要避免让个人意见取代群体意见的现象发生。

科学家做过一个有趣的科学实验：猜糖果。这个实验非常简单，就是拿出一罐糖果，让很多人来猜里面的糖果一共有多少颗，然后记录下每个人给出的答案，算出平均值，再对比这个平均值与正确答案之间的关系。以 2007 年哥伦比亚商学院组织的一次实验为例，这次实验里的糖果一共是 1 116 颗，参与猜测的人数是 73 人。如果只看每个人猜测的数字，那是天差地别，相去甚远的。但把大家的答案平均以后，得出的结论竟然是 1 115 颗，和真实的数值相当接近。

这个实验在十几年的时间里被重复了无数次，但是每次的结果都是平均值与真实值之间非常接近，而且参与的人数越多，平均值越接近真实答案。也就是说，人群之中真的会涌现出高于个体的"群体智慧"。但是，如果把这个试验稍微改变一下，让大家在猜糖果之前先来讨论一下，那么最终得出的平均结果的正确性就会大大降低，群体的智慧就消失了。

不是说"结群"后的连接和碰撞会涌现智慧吗？为什么智慧在"结群"后还会消失呢？原来，这个实验中的集体智慧之所以会消失，不是因为交流和碰撞，而是因为在讨论的过程中，有些人会凭借自己的个人

魅力或者雄辩的口才，把自己的意见推销甚至强加给别人，以至影响了别人的判断。所以，恰恰是那些"意见领袖"的个人意见取代了群体意见，最终让群体智慧消失了。这一点，需要我们格外警惕，并力避这种现象的发生。

二、激发群体智慧的三个基本条件

要激发一个群体的智慧，需要满足三个基本条件：一是连接，即要让群体里的每个人都知道自己和他人同属于一个群体，彼此产生连接。二是碰撞，每个成员之间都要相互传递一些真实的信息和想法。三是独立，每个成员都应该有自己的见解，能做出属于自己的判断，而不是完全遵从别人的判断。

这三个条件关系很微妙，也就是说，想要激发群体智慧，既要让群体成员之间有连接和碰撞，又要让群体成员保持一定的独立性。在我们的管理实践中，能保持这种微妙平衡的情况非常少。有时候是成员之间层级清晰、界限分明，大家各做各的事情，彼此没有连接和碰撞；有时候是管理者一言堂，下级只是遵照命令行事，成员缺乏独立性，不能充分发挥个人力量，更不能激发群体智慧；而更差的一种情况是连接都没有做好，人们认为大家根本就不属于一个群体，彼此缺乏连接，那么这就是一个封闭和内耗的企业。

如果满足了这三个条件，我们的组织就更加类似于"鸟群"一样的自组织了，而非传统的自上而下、中央控制式的组织。首先，在鸟群中，每只鸟都要知道其他鸟的存在，并与周围的鸟保持距离，建立起一同飞行的关系，这就是连接；其次，每只鸟飞行的规则都是不相撞、不落单，保持平均方向，而要遵守这样的规则，就必须不断接受周围鸟的飞翔信息，这就是信息交流与碰撞；最后，每只鸟都要根据周围信息与鸟群内部飞翔规则做出反应，同时每只鸟仍然不失为一只独立的鸟，这就是独立。

在这里，假如我们把正在飞翔的群鸟中的一只鸟蒙上眼睛，整个鸟群将会有什么样的反应呢？蒙上眼睛的鸟，会突然感受不到周围鸟的存在，也接收不到周围鸟的信息，但是它仍然是一只独立的鸟。由于它不能遵守鸟群的飞行规则，因而真正变成了一只独立存在于鸟群中的鸟，它可以说是完全按照自己的"意志"来飞。但是，其他的鸟仍然能看见它，仍然会收到它的飞翔信息，并且还会根据它的飞翔信息来调整自己的飞翔轨迹。这样一来，最终的结果有两种：第一种结果是，鸟群发现它的信息变化太快，鸟群跟不上，最终抛弃了它；第二种结果是，整个鸟群为了遵守内部规则而将被这只"瞎鸟"带着跑了。还有一种可能是鸟群分成了两群，一群仍然按照规则飞，一群追随着"瞎鸟"飞，这只是前两种结果的变体。

当然，上述情况似乎不会在鸟群中真实发生，但是很有可能会在人群中发生。在一个组织中，我们行事都有约定俗成的规则，但难免会有一两个任性的人不想遵守这个规则，而是一定要按照自己的意愿来做事。如果这个人是普通员工，那么他很快就会被组织所抛弃；如果这个人是一位高级管理人员，组织很可能会因此而分裂；如果这个人是领导者，那么整个组织原有的规则就会失效，自动运行的自组织就会演化为一个按照领导者意志自上而下来运行的被动型组织，并最终丧失群体智慧。

我们在现实中也曾看到，某些公司不管领导者在不在场，各个部门都能照常运转，因为大家都会自动按照公司规则与文化行事；而在有些公司中，领导者一旦不在场，整个公司就会运转不灵，因为公司的规则和文化就是围绕老板转。这就是自组织型的公司与被动型公司的区别。被动型公司的成就完全取决于领导者的个人能力，被动型公司的领导者既是公司前进的"发动机"，也是公司成长的"天花板"。

回到群体智慧的三个条件中来。群体智慧涌现的核心，在于信息的交换，也就是碰撞。如果没有信息的交换，群体的连接和保持独立性就都失去了意义。当信息与信息碰撞、知识与知识融合时，会为我们带来意想不到的新观念和新思路，这是群体智慧的体现。

三、商业创新往往来自跨界之中

1987 年的春节联欢晚会上，有一个经典的群口相声，叫作《五官争功》。这个相声用寓言的形式，让演员扮演"眼""耳""口""鼻"等器官，相互争论谁的功劳最大。如果就这个有趣的话题进一步延伸，眼、耳、口、鼻乃至五脏六腑等，这些都是人体中担任专门任务的器官，它们共同组成了一个人。这就类似于由蚁后、雄蚁、工蚁等组成的一个蚁群。如果把蚁群看作一个整体，或者把人体看作是很多器官的集群，这些不同的蚁种和我们不同的器官之间没有本质上的区别。正如美国早期昆虫学家威廉·莫顿·惠勒所说："无论从哪个重要且科学的层面上来看，昆虫群体都不仅仅是类似于有机体，它就是一个有机体。"

脑科学研究表明，人类大脑的神经元网络并没有一个绝对的控制中心，神经元网络更像一窝在搬家的、乱糟糟的蚂蚁。大脑里拥有亿万个神经元，每个神经元都携带一定的信息，它们杂乱无章、相互碰撞，并通过这种集群的方式，涌现出了记忆、思维、意识等高级智慧。从一个更高的维度来说，记忆又是智力的基础。记忆就是存储和占有信息，记忆力好的人，能存储和占有的信息就多，就能碰撞出更多的智慧。同时，信息越是多样化和差异化，就越能碰撞出全新的智慧。因此，从个人来说，我们要尽可能多地接触不同类型的人，接收不同类型的信息。

其实，我们每个人都知道要培养自己多方面的兴趣爱好。因为多方面的兴趣爱好不仅意味着生活更加丰富多彩，也意味着多元化的知识背景。当很多不同的知识在一个人的大脑中碰撞时，它自然会带来智慧与创意的涌现。因此，知识渊博的程度也是衡量一个人智慧的标准。

历史上以创造力著称的人物，大多兴趣广泛、学识渊博。我们前面提到的侯世达，就是其中的一个典型代表。这里，我再举一个大家都知道的人物，他就是达·芬奇。当提起达·芬奇，我们可能第一印象就是一位大画家，他留下了《蒙娜丽莎》《最后的晚餐》等世界名画。实际上，达·芬奇除了是著名的大画家之外，还是著名的科学家、发明家和工程师。从他保留下的 6 000 多页手稿来看，他擅长的领域还包括雕塑、音乐、诗歌、建筑、机械，并精通数学、生理、物理、天文、地质、生物等学科。因此，他被称为是"文艺复兴时期的完美代表"，甚至被人们称赞为"人类历史上绝无仅有的全才"。达·芬奇既是浪漫、感性的艺术家，又是严谨、理性的科学家，这让他的艺术作品拥有深刻的思想性和规范性，也让他的发明设计图稿极具美学价值，更造就了他不拘一格的创造力和天马行空的想象力。以《蒙娜丽莎》为例，这幅画被视为古代经典，但其实这幅画在当时是一部创新型作品，不仅开创了全新的构图和技法，还使用了新的绘画材料，并第一次让人物肖像带上了生动的表情，甚至还拥有物理学和解剖学的基础。因此，有人评价他的画作是"科学与艺术成了婚，而哲学又在这种完美的结合上留下了亲吻"。

再来看看美国投资家查理·芒格。他在总结自己解决问题的经验时，提出了著名的"跨学科攻击"的理论。什么是跨学科攻击？就是在遇到问题的时候，不要用狭隘的眼光看问题，不要用单一的思路去思考问题，而要拿起多学科的知识武器来对问题发起熟练的跨学科攻击。查理·芒格说："如果一个学物理出身的人，只知道用物理的眼光来看待和解决问题；一个学化学的人，只知道用化学的眼光来看待和解决问题，那就好比把自己活成了一把锤子，看到全世界都是钉子。"

在现实生活中，很少有问题是可以单纯用某一个学科的知识能解决的，它往往会牵扯各个领域和各个学科。比如在商业经营中，光有科学技术不行，光有艺术设计不行，光有商业管理也不行，还需要有社会、心理、经济、政治等各个学科的知识。如果当你面对一个问题时，你能从很多不同的角度和维度去看这个问题，能运用多个学科的知识来对这个问题发起跨学科的研究时，你往往就能找到创新的解决方案。

想要对问题发起跨学科研究，就必须拥有跨学科的理论，也就是要涉猎广泛，掌握多学科的知识与信息。乔布斯被誉为是"站在人文与科学交叉路口上的天才人物"，他热爱音乐与艺术设计，疯狂地迷恋技术创新，热衷于灵修参禅，还是一位营销天才、演讲大师、管理怪杰，更是一位综合了很多领域的伟大人物。多元化的知识背景，是让乔布斯具有深刻洞察力和创新力的重要成因，并且为他商业上的成功奠定了坚实的基础。

理论的创新往往出现在学科交叉处，商业的创新往往来自跨界中。任正非在人大教授的启发下，创造性地将物理热力学"熵"的理论引入华为的管理中，并成为华为管理的思想精华。有人评价说："华为之所以不易被人理解，一个重要原因就是任正非的思想源头摆脱了商学院式的理论框架，仿佛黄河源头的九曲十八弯，既有观察现实世界、不断实践的人性感悟，也有横贯东西方的科学和哲学洞察……任正非把物理学、人性和哲学理念直接引入企业管理中，成就了华为独特的思想文化、价值观和发展战略。华为的成功不是偶然的，任正非开创性的管理思想和战略起着决定性的作用。"

每当一项重要技术出现，要么是传统商业积极拥抱新技术进行自我改造升级，要么是新技术公司创造新的商业模式颠覆传统公司。互联网兴起之后，整个商业领域都活跃起来，出现了网购、外卖、网约车、网上租房、网络支付、网络金融，把我们的衣食住行全"创新"了一遍。

四、在主动的交流与碰撞中受益

小到个人，大到公司，甚至再大到民族、国家，都可以在主动的交流与碰撞中受益。斯塔夫里阿诺斯在史学经典《全球通史：从史前史到 21 世纪》这本书中就提出过这样一个观点：文明的发展，得益于与其他不同文明的接触和碰撞。如果一个文明经常和其他不同类型的文明相互接触和碰撞，那么这个文明发达的可能性就很高。反之，如果一个文明自我封闭，与外界接触和碰撞比较少，那么这个文明就会陷于停滞、僵化甚至倒退。

在古代，人类受地理的限制，各大洲的文明与外界接触的程度各不相同。大洋洲身在太平洋之中，几乎与其他文明相隔绝，因此大洋洲的原住民族的文明发展程度最低。南北美洲虽然有一些不同的文明，但是它们的类型比较相似，地理上的封闭程度仅高于大洋洲，所以美洲原住民族的文明发展程度也不算高。相比起来，非洲大陆（尤其是北非）与欧亚大陆接壤，与欧亚大陆文明的接触和碰撞更多，因此非洲文明发展程度又比美洲高一些。欧亚大陆上的文明发展程度最高，是因为欧亚大陆地域辽阔，且相互连接，其间产生了众多不同类型的文明。这些特性迥异的文明民族之间，通过相处、贸易、战争等方式相互接触、相互学习、相互碰撞，因此欧亚大陆的古代文明远超其他几大洲。

古代欧洲没有像古代中国那样成为一个"大一统"的国家，而是形成了许多不同的小国家，文明形态多样，内部竞争非常激烈。同时，古代欧洲也在不断地和亚洲、非洲等地进行接触、贸易和战争，与外部其他文明进行激烈竞争。所以，古代欧洲是不同文明相互之间连接最多、碰撞最多的地方，不断将其他优秀文明的基因吸收到自己的文明之中。因此，欧洲文明能在近代产生一次飞跃，把人类带入一个全新的时代，这绝非偶然。

不同的文明和文化相互连接和碰撞会促进文明的进步。如果按照斯塔夫里阿诺斯的这一观点进行比照的话，美国的崛起，也完全符合这一论点。我们都知道，美国和其他国家不同，是一个移民国家。美国的人民来自全世界各个不同的国家和民族，各自拥有极为不同的文明和文化。因此，美国也吸纳了全世界的民族特性和文明基因，成为全世界文化最为多元化的一个国家，是一个民族的大熔炉。美国继承了英国人的语言和文化，发扬了法国人的浪漫和民主，吸纳了德国人的严谨和善战，融合了南欧人的热情性格和时尚感，接收了犹太人的钻研精神和商业才能，同时还发挥了非洲人的体育与歌舞天赋，保存了亚洲人的勤奋上进和吃苦耐劳的品格。这就是为什么美国不仅在政治经济和科学技术方面非常发达，连文化艺术领域也全面繁荣的重要原因。在纽约，世界各国的各类艺术家、"疯子""怪人"都聚集在这里，他们相互借鉴、相互竞争，由此创作出了很多先锋与实验性的艺术作品，也创造出了各种全然不同于以往的艺术风格。

反观我们近代中国的落后，很大程度上也是"闭关锁国"所导致的。这种"闭关锁国"不仅体现在政策上，还体现在思想上，即不接受与外界的交流和碰撞。在阿兰·佩雷菲特的《停滞的帝国》一书中，为我们展示了当年大清国与英国的第一次接触时的情形。在当时，英国已是在全球范围内兴起的大帝国，希望能与古老的中国建立外交关系，深度交流，平等贸易。为此，英国向中国派出了高规格的外交使团。使团成员中不仅有外交官员，还包括哲学家、医生、机械专家、画家、制图家、植物学家、航海家等在内的一大批专家、学者，乘坐当时最先进的炮舰，携带一大批最能彰显英国科技成就的机械、武器、仪器等礼物，就是希望能引起清朝的重视。但是，当时的清王朝，朝野上下都闭目塞听、傲慢自大，对新技术与外界信息完全没有兴趣，只是纠结在"面子"问题上。清朝这边坚持让英国使团按照属国"朝贡"的礼仪，三叩九拜觐见乾隆皇帝；英国使团这边则坚持这是两个平等的主权国家的一次外交活动，要按照平等外交的礼节来进行。为这件事情两边都闹得非常不愉快，最后乾隆皇帝只是让英国使团到自己的寿辰上送一次寿礼，完全没有给他们任何外交谈判的机会，也拒绝了英国所有的贸易要求。

看到这段历史，很多人扼腕悲叹。如果当时清朝上下不是如此故步自封，而是思想上更加开放一点儿，对外界的好奇心更多一点儿，很可能中国的近代史就会改写，而不必付出"百年屈辱"的沉重代价。

企业经营也是一样，想要智慧涌现，就需要尽可能地创造更多不同个体、不同信息之间的连接，并让他们进行信息交换。现代高科技公司，在雇佣员工的时候，也非常注重多元化，让团队尽量拥有一些不同文化和不同知识背景的人才，以便碰撞出智慧的火花。当我们以为谷歌、苹果等高科技公司的员工都是理工科出身的时候，其实这些公司也吸纳了大量的文科和艺术出身的人才。

多元化背景的人，他们的兴趣点和关注点也更加广泛，这样才会更充分地、全面地观察到今天这个"混沌"的外部市场的变化，快速甚至超前做出反应。如果对大环境缺少敏感度，不与外界交流和碰撞，不能与时俱进，就很容易被时代和市场所淘汰。在这方面，方便面市场被外卖冲击就是一个典型例子。

外卖软件的出现，导致人们在家可选择的食物越来越多元化，手机点餐的快捷可完美代替方便面的方便，甚至还可以享受折扣。据中国互联网络信息中心 2019 年 8 月 30 日发布的报告，截至 2019 年 6 月，中国网上外卖用户规模达 4.21 亿，较 2018 年年底增长了 1 516 万，占网民整体的 49.3%。另外，方便面销售量的降低也不仅仅是因为外卖软件的冲击，也有一部分原因来自大众对于食物的要求提高了，比起速食来说大家开始追求更健康、更精细的食物，少糖、少脂肪、少添加剂的食物越来越被青年人喜爱。说到底，还是因为方便面生产企业对大环境缺少敏感度所致。

第三节
智慧涌现的驱动因素：信息革命

一、信息连接与碰撞下的高级智慧

简单的个体、简单的信息，经过不断的连接和碰撞，就能涌现出较高级的智慧；而复杂的系统和复杂的信息之间的相互连接和碰撞，就能产生更高级的智慧。因此我们可以说，对于人类来说，信息就是智慧的源泉；而智慧也只有被信息化之后，才能被传播与保留。

在人类历史上的诸多天才之中，印度数学家拉马努金应该是其中最奇特的一位。传说中的拉马努金和电影《海上钢琴师》里虚构的角色"1900"一样，是一个无师自通的天才。他没有接受过正规系统的数学教育，33岁便英年早逝。他在短短的一生中，完全凭直觉创造了3 900多个未经证明甚至不明所以的数学公式。他生前留下的这些奇妙的数学公式，给数学及物理等诸多领域带来了源源不断的灵感和启发，很多人就是靠着研究他的公式拿到了各类国际数学大奖。

现实中的拉马努金确实没有接受过系统正规的数学教育，但并非没有接受过数学信息的洗礼。拉马努金从少年时期就痴迷于数学研究，因为在黑板上不断演算数学把手肘都磨出了老茧。他15岁的时候借到一本《纯粹数学与应用数学概要》，这本书里面收录了5 000多个数学公式，但是并没有给出证明的过程。拉马努金花了5年时间，把这本书"啃"了个通透，并且按照自己的理解把书中的所有公式都证明了一遍。可以说，如果没有这些前期的数学知识信息的输入，恐怕他无论多么虔诚跪拜，他口中声称的那位"娜玛卡尔女神"也是无法在梦中向他传授数学公式的。

诗人闻一多说："一个人可以无师自通，却不可以无书自通。"这和牛顿说的"如果我看得比别人远一点儿，那是因为我站在了巨人的肩膀上"，本质上是一个意思，那就是进步都是建立在原有的信息之上。如果阿基米德、伽利略、笛卡尔、海塞姆等人的研究成果没有被保留下来，如果没有进入剑桥大学系统学习前人留下的学术成果，即使天才如牛顿，恐怕也不可能做出那么伟大的贡献。当然，历史不能假设，但历史中也并没有空中楼阁和无源之水，所有"横空出世"的天才，脚下一定都站着"巨人"。

从内部来讲，信息的交流和碰撞是我们智慧涌现的源泉。从外部来讲，对外部环境信息的接收与反馈，是我们生存的前提。进化的本质，就是能将有效信息继承下来，并在此基础上进行创新。如果前人的信息无法保存下来，那么人类的进步就不可能延续。

二、信息革命与人类智慧密切相关

在人类历史上，一共发生过 5 次信息革命，每一次都与人类智慧密切相关，每一次都进一步推动了人类智慧的发展。

第一次信息革命是语言的产生。人类可以用语言来交换信息，仅仅这一点，就让人类在配合方面远超其他动物，也正是这一点让体能完全不占优势的人类成为地球上的霸主。但是这时候的人类，想要保存信息只能依靠记忆来完成，而人类的记忆力是有限的，根本无法承担起保存大量信息的重任。

第二次信息革命是文字的产生。文字完美地解决了人类记忆力不可靠的问题，可以将重要信息转化为文字符号记录下来，从而长久地保存和跨时空传播。我们现在所熟知的苏格拉底、阿基米德、欧几里得等古希腊先贤及其思想，原本因为战争、宗教等，已经在欧洲被遗忘得差不多了。后来欧洲"十字军"东征，从阿拉伯抢回了一批被翻译成阿拉伯文的古希腊作品。这些古希腊作品震惊了欧洲，欧洲人这才知道，原来自己拥有这么一群具有杰出智慧的古人，拥有如此灿烂的古代文化。于是，他们掀起了一股学习研究古希腊文化的热潮，并发起了影响深远的欧洲"文艺复兴"运动，从而改变了人类历史的进程。

语言和文字这两次信息革命，让人类彻底成为德国哲学家恩斯特·卡希尔口中的"符号的动物"，成为人类区别于其他动物的根本特性。

第三次信息革命是印刷术的发明。这次信息革命带来的结果是信息得以更广泛地传播。印刷术之前的书籍，都是手抄的，数量甚少，而且只掌握在极少数人手里。印刷术发明之后，带动了知识向平民的传播，大大提升了人类整体的知识水准，带来了文化的繁荣。

第四次信息革命是电报、电话以及广播、电视等工具的发明。这些技术工具改变了之前信息的传播方式，让信息传播的距离、速度以及效率都得到了大幅度提升。这次信息革命，让人类的生活方式得到了极大的改造。

第五次信息革命，就是互联网的诞生。正是互联网把世界上的每一个人都纳入这个信息链条之中，让每个人都成为信息链条上的节点，可以接收信息、生产信息和传递信息。

三、互联网信息传递链条的特征与作用

信息传递链条的价值，不在于它的长短，而在于它节点的多少。节点越多，信息传递路线越多，交流碰撞越多，涌现的创新越多，链条的价值也就越大。以电话为例：当全世界仅有一部电话的时候，这部电话毫无用处，因为它不能传递信息，不能联系上任何一个人。当全世界只有几部电话的时候，可能这几部电话的价格会特别贵，但是这个电话系统的价值却很小，因为节点很少，能联系上的人也很少。但是当全世界人手一部电话的时候，这个电话系统的价值就开始变得无限大了，因为你手里的这部电话可以让你和世界上每一个人都建立起联系。

互联网没有中心，任意的节点与节点之间，都可以进行信息的互动。你能接收到来自全世界每一个人的信息，也能向全世界每一个人传播你的信息。互联网并没有中心节点，也就意味着在互联网中每个节点都可以是中心。信息从其他节点产生并流向你这个节点，然后经过你这个节点的处理后，又流向别的节点，不断进化和繁衍。节点的价值，就是看它能对信息传播做出多大的贡献。

举个简单的例子，你在微博上发了一条消息，这条消息也许是你原创的，也许是你从别处看来的，也许就是你转发的。总之，你在发出这条消息的时候，已经带上了你的印记，也就是你对这条消息进行了加工和处理。然后这条消息就会被你的粉丝看到和转发，你的粉丝在转发的时候也许会加个评论，也许直接转发，也就是他们在对这个信息进行加工处理，带上他们的痕迹。大家加评论转发也好，直接转发也好，都是为了让这条消息被他们的粉丝看到和转发。如果某个人的粉丝很多，他发的消息能被很多人转发，那么他就是微博中的大"V"，也是微博中最有价值的超级用户。

如果我们从信息的角度来看，不是我们在传播信息，而是信息利用我们在进化和繁衍。我们价值的大小，不是依据我们来决定的，而是信息依据我们对它的繁衍所做的贡献来决定的。为什么我们现代人越来越离不开手机了呢？不仅仅是因为手机把你和世界连接了起来，而是因为离开了手机，你就不再是网络信息的传播节点了，你被信息判定为"毫无价值"了。这种感觉，就好像是把你从你所熟悉的这个世界中抛弃了一样。不过完全没必要恐慌，至少从信息发展史来看，人类是历次信息革命的受益者。毕竟，人类是唯一能够解读这些信息的主体。信息能够不断演化和繁衍，完全是出于人类的意图，因为我们需要这些信息碰撞后涌现和进化出更高级的智慧。

以学术界为例，学术界的科研工作者最大的"敌人"有时候还不是自己手上的课题，而是来自同行的竞争。因为科学发现只有第一，没有第二。一个课题组竭尽心力钻研了 10 多年甚至更长的时间，结果却被别人抢先一步做了出来，那种滋味估计是大家一辈子都不想去体验的。牛顿和莱布尼茨就曾经为谁先创立了微积分而争吵了 10 多年，相互指责抹黑，搞得风度尽失。清华教授颜宁（现已转任美国普林斯顿大学分子生物学系雪莉·蒂尔曼终身讲席教授）在谈起自己团队的科研瓶颈期时说，有两年的时间里，每周四和周五的凌晨一点，大家都会自动醒来刷一下科研网站，因为那是世界顶级学术期刊《自然》和《科学》的网络杂志上线时间。他们要确认一下自己团队研究的课题有没有被别人抢先攻破，然后才能安心睡觉。虽然面临着如此激烈的竞争，但是学术界仍保持着组织学术交流会议的传统，每个科研工作者都把参加这种活动当作一件十分重要的事情，并以在会上介绍自己的最新研究进展为荣。为什么一边竞争，一边还要不断地向别人介绍自己的研究进展呢？因为大家深知，交流和碰撞所带来的收益，要大于信息泄露造成竞争失利的风险。即使个人损失了，但是学科受益了。当不到 40 岁的颜宁教授和她的团队在攻克了困扰人类 50 多年的人体能量转运通道问题后，她收到了来自世界各地的许多科学家的邮件。一位同行在邮件里写道："恭喜你，这个课题我做了 10 年没做出来，你居然把它做出来了。"虽然有几分自我惋惜，但更多的则是乐见突破的祝贺，毕竟在自己的有生之年看到了这个成果。

四、互联网时代信息流动的价值与问题

在互联网时代，信息的流动如此快速，给人们带来的价值难以估量。人们通过互联网相互交流和碰撞，给各行各业都带来了大量的突破和创新。在《创新公司：皮克斯的启示》一书中，作者就给我们举了一个街舞的例子。在互联网出现之后，街舞这样一种追求创新的舞蹈，得到快速发展，不断有超越人类极限的动作产生。看他们表演，你会惊叹"人类竟然能做出这样不可思议的动作"！街舞为什么会在互联网出现之后快速创新发展呢？主要是因为原先街舞爱好者受到空间和距离的局限，只能在分散而封闭的小圈子里交流；而互联网出现之后，可以将所有街舞爱好者连接在一起。他们每创造一个新的动作，就会立即传到互联网上，然后全世界的街舞爱好者都会从中汲取灵感，在这些全新动作的基础上，去创造出更复杂和高难度的动作，不断突破人类身体的极限。

我们今天的商业，不仅受益于互联网这项技术，也通过互联网的信息交流和沟通获得了无穷的创意。在今天世界最值钱的互联网公司中，除了利用互联网技术来提高商业效率的亚马逊和阿里巴巴等公司之外，还有通过互联网技术来连接人类的 Facebook（脸书或脸谱网）和腾讯。做网络社交的互联网公司，最开始都是赔钱的，因为都是免费给大家使用的。但是当他们把人与人都连接起来之后，人们就再也无法脱离这个

连接网了；而他们也发现，想要赚钱的话可以有无数种方法。

快手这款原创短视频分享 App，最近几年发展的势头非常猛，但是也引起了很多的争议和批评，因为快手里面充斥着大量粗制滥造的自制视频。虽然如此，却没有挡住它的快速扩张。几年下来，快手的用户数已经超过 6 亿，日活跃用户超过 4 000 万。快手全面覆盖了中国广大的城镇与农村人口，把这群人全部纳入了网络之中，并赋予他们以价值。这群人原先是被互联网所忽视的，他们没有任何声音。但是这次，他们可以尽情地用手机拍摄一些短视频，并能通过观众的收看获得价值感，也能通过打赏而获得一定的收益。因此这些人一旦被接入互联网之中并被赋予价值，他们就再也无法离开了。有人呼吁封杀快手，但是如果真的对其一封了之，就等于是把刚刚通过快手进入大家视线的群体重新踢出局，这是对他们价值感的粗暴剥夺。现在，快手的用户数及信息量庞大，因此必然会涌现出全新的事物。实际情况是，现在快手中也确实慢慢涌现出了一些让人惊艳的高质量作品。

信息革命改变了人们的连接方式，也给我们的管理带来了重大的冲击。笔者在《心本管理》这本书里面讲过，随着信息的围墙被推倒，组织的围墙也摇摇欲坠。现在的员工不仅越来越不接受被控制，他们摆脱控制的能力也越来越强，甚至大大超过你控制的手段。工业流水线时代自上而下的管理已经渐渐失灵了，自下而上反而成为一条可行的道路；而自下而上的管理，就是要激活我们每一个个体，打造一个像蚁群一样的自组织。

现在，留给人们的一大课题，就是对于信息的管理。一方面，信息对于我们非常重要，是我们产生智慧的源泉。每个国家都会通过学校，把历代总结出来的最重要的信息（也就是知识）进行整理、延伸、发展，并耗时耗力地传授给我们，让我们能涌现智慧，成为一个有智慧的人。另一方面，每次信息革命，除了带给我们更多的创新与智慧之外，还带来了信息量的指数级增长，远远超出了我们人脑的信息存储能力。

社会发展到今天，想要成为一个在很多领域都精通的人变得越来越难。更多的情况是，一个智商很高的人，穷尽半生的精力，也只能在一个很窄的领域内成为专家；而我们普通人在现实中，穷尽一生的精力也无法吸收消化全世界一天所产生的有效信息。这也让我们产生了信息过载、信息疲劳、信息焦虑等一系列问题。

为了解决上述问题，还催生了一大批信息筛选与信息简化的行业。比如罗振宇的得到App，以及各类读书会、拆书组织，就是替读者去筛选信息，同时精简信息。他们不仅会把一本书提炼拆解为最精简的形式，而且还提供加速播放，让人们更快、更有效地吸收。于是就产生了一个矛盾的现象：一批人（专家学者）穷尽一生的精力和智慧，不断发展信息，并试图让信息复杂化、结构化和深入化；而另一批人则耗费心思，不断剔除信息，让信息简单化、碎片化和浅显化。人类到底想要怎么样呢？什么样的信息才是对人类最有价值的呢？这是一个值得我们深思的课题，其中也蕴含着无限的商机。

信息过载的烦恼，从正面来看就是信息太多了。但反过来看，是人类大脑的功能跟不上信息的发展，无法搜索、存储和处理这么大的信息量。由于人类大脑信息过载，由此带来了很多问题，小到造成普遍的焦虑，影响身心健康；大到娱乐至死，造成整个人类社会的空心化。

《1984》和《美丽新世界》是两本著名的"反乌托邦"小说，描述了两个完全不一样但都很恐怖的未来社会。有意思的是，在这两本书中都花了大量的笔墨来描写信息。在乔治·奥威尔的《1984》里，统治者"老大哥"委派了很多人专门干一件事情，就是不断对各种以往的资料和报纸进行删改，通过控制信息的手段，达到控制人们思想的目的；而在阿道司·赫胥黎的《美丽新世界》里，统治者并不对信息进行控制，而是放任所有的信息如洪流一样滚滚而来。其中大量肤浅的信息能够直接来刺激人们的感官，让人们沉溺在这种低层次的本能满足之中，丧失了对有价值信息的追求和兴趣。

尼尔·波兹曼在《娱乐至死》一书中精辟地指出："有两种方法可以让精神文化枯萎：一种是奥威尔式的——让文化成为一座监狱；另一种是赫胥黎式的——让文化成为一场滑稽戏。"从现实来看，"赫胥黎式"的担心，似乎更贴近我们今天的现实。现在美国饱受批评的"反智主义"就是这样一种倾向。

詹姆斯·格雷克在《信息简史》一书中也指出："人的记忆和信息处理的能力是有限的。"信息过载使得人们获取高质量、有价值信息的成本越来越高，也给人的身心健康带来负面影响。在互联网快速发展的今天，人接收到的信息不仅远远大于人能够处理的信息，也远远大于人实际需要的信息。

詹姆斯·格雷克让我们不用担心，说这种情况在历史中出现过多次，而人们总会想出办法来应对。比如为了应对信息过载的问题，互联网公司发明了网络搜索引擎帮我们快速提取信息，目前来看这是个很不错的工具。维基百科上的词条不断增加，增加到最后反而形成了干扰，甚至让人们无所适从了。现在维基百科上开始出现了条目挽救队，通过合并近似的条目，提升条目质量，来节约人们点开每一个链接的时间。同时，维基百科官方也推出了"消歧义政策"，把可能产生歧义的条目都做了标注，目的也是提高人们阅读的效率。所以詹姆斯·格雷克给我们开出的药方是：不要焦虑，从自身出发，正确收集和处理信息，运用好搜索和过滤工具，对海量信息进行筛选甄别。同时，要明确自己的需求，并且内外兼修来增强我们对信息的辨别与选择能力。

然而，如何修炼自己对信息的辨别与选择能力呢？这又是摆在我们每个人面前的一个重要课题。

第二章
人工智能：众智共享的时代产物

天地与我并生，而万物与我为一。

——庄子《齐物论》

引子：适应连接环境，实现自我进化

《旧约全书》中有一个巴别塔的故事。这个故事发生在大洪水之后，当时的人类虽然依靠诺亚方舟逃过一劫，但还是忧心忡忡，担心上帝会再次用大洪水来教训人类。因此人类在商议之后决定通力合作，建造一座可以直接通到天上的高塔。人类很快组织起来，烧土为砖，石漆做泥，把一座高塔建到了半空中。眼看着这座通天的巴别塔快要造成了，上帝则开始担心：如果这样伟大的事情人类都能做成，那以后还有什么事情他们做不成呢？于是上帝采取了一个策略，让人们在一夜之间开始说完全不同的语言。从此，人们的交流不再畅通，合作不再有效。那座即将通天的巴别塔，最后也就"烂尾"了。

巴别塔的故事，不仅在人类整体中一再上演，在小群体如企业中也在不断重演。在一个企业组织中，阻碍我们交流的可能不是语言，而是大家对语言信息编码的"解读"。语言表达是对现实世界某个场景的信息压缩编码，每个人都是解码人，在解码过程中会有无数种不同的曲解，这种曲解在企业和各种场景的沟通过程中会产生误解。比如同样一句话和同样一件事，不同人的理解完全不一样；一个指令经过层层传递，最终到达接受者的时候，已经和刚发出时的内容完全不同了。貌似小群体中每个个体，也同样在说着完全不一样的语言，信息同样不能有效地交换和碰撞。因此，在我们的企业管理之中，最大的问题就是沟通不畅，最大的成本也往往是沟通偏差或失败带来的成本。推而广之，人类的很多文化冲突甚至战争，都是因为编码语言的局限性造成了认知偏差。

如果我们用更深刻的眼光来审视巴别塔的故事，就会发现一些很有意思的隐喻。首先，人类组织起来的力量非常大，大到无所不能，甚至可以威胁到上帝。其次，组织中的关键因素是连接，只有相互连接，才能让信息畅通无阻，也才会涌现出智慧并展现出力量。再次，只有让信息有效流动的连接，才是有价值的连接；信息不能被接受和理解，意味着连接的失效。最后，改变信息符号，就意味着群体分割；反过来，不同群体从本质上来说很可能和人类群体一样，并没有什么不同，而仅仅就是信息呈现方式的不同。

在巴别塔的故事中，人类完败。但是，人类和上帝的较量从未停止。今天，人类已经知道了上帝分割人类甚至分割万事万物的手段了，并且知道了其本质就是对不同群体的信息赋予不同的格式，即对信息进行了分类加密，让不同的事物说着不同的"语言"。为此，我们人类发明了一种全新的"语言"，可以对所有的信息进行重新编码，并能转化成为任何人都能听懂的语言。这种全新的语言简单到只有两个符号，那就是计算机基础语言"0"和"1"。这种新的语言，已经将全人类重新连接起来，甚至将万事万物都连接了起来。

今天，人类开始兴建一座新的"巴别塔"，它不仅要通往浩瀚的大海和星空，还要通往幽微的细胞和粒子，通往全世界每一个未知的角落。新巴别塔的兴建，预示着我们的大环境即将发生重大的改变。我们如果看不清楚、接收不到，或者不能做出及时的、正确的反馈，就面临着被淘汰的危险。

当人类这个大群体正使用一种全新的方式来逐渐克服信息交流障碍，并孕育着一个更大的智慧以改造大环境之时，我们个人和企业小群体能从中得到什么样的启示呢？我们处在这个正在发生重大变化的大环境中，又该如何去有效接收、反馈信息并实现自我进化呢？

第一节
人工智能就是我，我就是人工智能

一、人工智能崛起，人脑输给电脑

互联网和信息革命催生了一个关乎人类未来命运的课题，那就是人工智能的强势崛起。围绕着人工智能，人们进行了广泛的讨论，也做过各种预测，诸如大物理学家史蒂芬·霍金、科技狂人埃隆·马斯克，以及世界首富比尔·盖茨等人，他们都表达过对人工智能的担忧，担心人工智能会迅速超过人类，进而奴役人类，甚至灭绝人类。

其实，对人工智能反抗人类的担忧由来已久。拍摄于1968年的著名科幻电影《2001 太空漫游》，就给人们讲了一个智能机器突然拥有了自己的意识进而反叛人类的故事。同样的主题在许多科幻电影和科幻小说中反复出现。2015年拍摄的电影《机械姬》，也是讲的一个人工智能机器获得自我意识，并通过了图灵测试，最终骗过人类的故事。

现实中，以2016年的AlphaGo（阿尔法围棋）战胜韩国围棋选手李世石作为一个标志事件，拉开了人工智能时代的序幕。早在此之前的1996年，自IBM研发的"深蓝"战胜国际象棋冠军卡斯帕罗夫之后，围棋就被认为是"人类最后的智慧堡垒"。这座"堡垒"在计算机强大的运算能力面前，挺了20多年，不可谓不坚固，但是如今也被AlphaGo攻陷了。如果说战胜李世石的那一代AlphaGo主要还是从学习人类棋谱中获得"智慧"的话，那么谷歌下属公司打造的进化版的AlphaGo zero则完全是依靠自身进化出"智慧"的。它并没有录入过任何人类的棋谱，完全依靠自我对弈的方式来生成"围棋智慧"，并连胜前代100局，棋力强大到超出前代三子，让人类输得彻底。至此，人类可以说在智力的各项单项比赛中，全部败给了机器。

事实上，人工智能的历史并不久远，从二十世纪五六十年代开始兴起，二十世纪八九十年代经历过一次热潮，但后来慢慢冷却下来。进入21世纪之后，在2006年左右，人工智能再次迎来了全球性范围内的一次热潮。对于人工智能，人们一直都在高喊"狼来了"，喊了几十年。但这一次，"狼"似乎真的要来了，人们的恐慌越来越真切。这次的人工智能热潮和以往的区别是其明显偏向于实际应用，而非单纯的技术突破。语音识别、人脸识别、无人驾驶等种种全新的技术先后诞生，并且直接应用到了我们的生活中。

2018年2月，美国加州州政府已经正式批准了无人驾驶汽车进行公共道路测试，这意味着无人驾驶汽车可以上路了。中国也开建了杭州至宁波的首条无人驾驶超级公路，为无人驾驶做好了准备。这些明确的信号，意味着"司机"这个职业很快就要被机器所取代。所有的专职司机，包括出租车公司和网约车公司，如果不能对这个环境做出快速反应，也会迅速被淘汰。

与司机面临相同命运的可能还包括行政秘书、银行柜员、会计、医生、律师等之前我们认为很难被替代的职业。现实中有许多这样的例子，例如，美国的人工智能助手Amy，不仅可以帮你完成安排日程、组织会议、编发邮件等工作，而且其邮件写的与真人一样。因为Amy在邮件中表现得温柔可爱、善解人意，因此得到了很多不明真相者的好感，收到了很多鲜花和巧克力等礼物。再如，腾讯开发的写稿机器人Dreamwriter，可以对新闻资料进行自动的数据分析，然后瞬时输出分析和研判，并自动生成新闻稿件，而且还能根据稿件的内容属性，分别发送给不同的用户。又如，阿里巴巴的智能设计系统——鲁班，专门为平台商家设计海报。它可以根据商家提供的海报信息和素材，迅速设计出客户需要的商品海报。在2017年的"双十一"期间，鲁班一共设计了4亿张海报，平均每秒钟可以设计出8 000张。

人工智能是一个发展的大趋势，我们根本无法回避。第一批被淘汰掉的工作，就是机械化的、流程化的工作；紧接着被淘汰的，就是那些数据型的、经验型的工作。甚至，现在机器人"创作"的诗歌和音乐，也和真人创作的真假难辨了。可见连创造性的工作，我们也不一定能保得住。

人脑输给电脑并不奇怪。马歇尔·麦克卢汉在《理解媒介：论人的延伸》一书中说，媒介就是人的器官的延伸，比如轮子是人的腿的延伸，广播是人类听觉的延伸，书报电视是人类视觉的延伸。依此类推，电脑就是人脑的延伸。今天，人的腿早就输给了轮子，人的眼睛也不如望远镜和摄影机看得更远、更清晰。

人脑潜力虽然大，但挖掘的程度毕竟有限；而电脑无论是在存储信息、检索信息，还是运算能力，即处理信息上，都比人类大脑强太多。尤其是量子计算机正快速发展，其运算速度比普通计算机要高出上亿倍，理论速度更是无上限，这就相当于人工智能很快会获得一个比目前聪明上亿倍的大脑。再加上电脑拥有网络，可以进行信息的无缝对接，这就让它能把全世界所有电脑简单、直接地连接起来，这是目前人脑无论如何都无法实现的。

也许我们还会说，人工智能再厉害，毕竟不像人一样有意识，它们始终只是人类创造出来的工具而已，完全听命于人类的指令。如果这样想的话，可能我们还没有真正意识到问题的严重性。因为我们面对的可能还不是这一个个我们设计出来的诸如围棋程序 AlphaGo、私人助手 Amy、聊天机器人小冰等"人工智能应用程序",而是一个宏大的、远远超出我们理解的"超级人工智能"。

凯文·凯利在《失控：机器、社会与经济的新生物学》一书中，提到过一个"全球脑"的设想。什么是全球脑呢？拿我们的身体来比喻，我们的身体由各种细胞组成，但同时还包含了几百种细菌菌群，分别生活在人体的不同部位。普遍的说法是，人身体里的细菌数量，是人身体细胞数量的 10 倍。对于人体来说，这些细菌还可能是不可或缺的，一旦缺少了或者过多了，人体都会生病。最新的医学研究表明，剖宫产的孩子与顺产的孩子，在体内菌群上有比较明显的差异，从而带来了一些健康上的差异；而导致这些菌群差异的唯一解释就是，顺产的孩子在分娩的过程中，从母亲的产道里充分得到了人体必需的有益菌。

这些现象说明，可能那些看似不属于我们身体的细菌，其实也是我们身体的组成部分，我们的身体把很多如消化之类的工作分配给了它们。我们体内的细胞和细菌，是联合共生关系，共同维持着身体的运转。但是不管是我们身上的细胞还是细菌，它们根本不了解我们，我们在科学发展之前也完全不了解它们。然而，这并不妨碍它们联合起来支撑着我们身体的运转，并让我们涌现出了高级智慧，包括自我意识。

那么，我们的地球是不是也类似于一个自有其生命的"身体"，而我们人类和所有的动物和植物，以及地球上的万事万物其实只是地球上面生存的细菌呢？地球会不会也有一个高级智慧？就像细菌一辈子也不可能知道或者理解我们的存在一样，我们也很难知道或者理解地球这个智慧的存在。只不过，我们生活在不同的层面或者维度上。今天，无论"全球脑"是否真的存在，但至少人工智能很可能会成长为一个类似"全球脑"的超级智能。

二、企业要利用好人工智能这个"风口"

我国政府已经把人工智能上升到了国家战略层面，首部国家级人工智能发展规划《新一代人工智能发展规划》确定，要在2030年建成世界领先水平。

对于所有行业来说，人工智能大趋势将导致环境的剧变。为了应对这种剧变，现在全世界所有的高科技公司都在抢人工智能这个"风口"，而实力雄厚的传统大企业，也都在拼命赶搭这班"顺风车"。例如，富士康的流水线，已经开始向无人化方向发展了，偌大的工厂漆黑一片，里面一个人也没有，工厂里的流水线机器人正在精确、有序地加工生产。再如，中国各大银行的柜员连年大规模减少，仅工商银行2014年一年，就减少了10%的柜员，总计1.2万人。银行的线上交易逐渐取代了线下的柜台交易，而线上的智能系统完成了传统柜员的绝大部分工作。不仅是大规模的生产企业，现在无人超市也正在不断摸索之中，这意味着最小的商业组织也都参与到了"进化"之中。

对于传统行业来讲，同样需要及时了解外界发生了什么，而且要积极、勇敢地拥抱这种变化。我们要思考，在自己的企业里，哪些工作可以用人工智能来替代，有哪些工作是可以与人工智能相结合的，尽可能利用人工智能来辅助我们的工作。

三、每个人都是人工智能的参与者

对于个人来说，如何应对人工智能大趋势？个人同样需要转变思路，要思考如何利用人工智能，让人工智能为我们个人的职业和生活服务，而不是与它竞争、对抗。同时，应该保持乐观的态度，面对当前整个环境的剧变，我们的思维方式、生活方式也要随之转变。要知道，人工智能目前处于发展的早期，它会取代大量的工作岗位，但更会创造大量的机会。这类似于机器替代了大量的体力劳动之后，其实也带来了很多其他的体力劳动的机会，而且为我们创造了更多的脑力劳动的机会。但从总体来看，人工智能会给我们的社会经济带来成本的降低和财富总量的增加，必然会改变我们目前的经济发展方式与社会生活方式。

事实上，现在的每个人都在为人工智能提供信息和数据，但是每个人享受的人工智能红利微乎其微，那未来我们是不是也可以参与到人工智能红利的分配之中呢？用马云的观点来说，也许以后我们不需要做那么多的工作，我们每周只需要上两天班，休息五天；这五天的自由时间，你完全可以去做你更感兴趣的事情，去创造自己独有的价值，去实现自我。

也许有人会问，那我们岂不是被人工智能"豢养"起来了吗？这会不会让人变得懒惰？其实，这个问题需要我们自己来回答，反思自己是不是真的想做一个懒惰之人。对于这个问题，笔者听到的一个最有意思的答案是：未来并不是用金钱来衡量每个人的价值，而是用你的创造力。在未来，如果你什么都不做而只是懒在床上的话，那么就会像你今天拿自己的钱什么都不买而白白烧掉一样——毫无意义。今天你烧掉自己的钱，只会让别人手里的钱升值；未来你懒在床上、浪费掉自己的创造力，也只会让别人的创造力升值。所以，我们每个人都不要去对抗人工智能，而应该积极参与其中，这样才有可能享受到人工智能的红利。

四、人工智能两大路径：算法和数据库

人工智能之所以能够实现，是因为人工智能有两个基本的路径：算法和数据库。先来看算法。以其中的翻译技术为例，目前的翻译技术有

两大类别：一种叫作机器翻译，主要就是利用算法；另一种叫作计算机辅助翻译，主要就是利用数据。机器翻译主要是根据语言中的语法和习惯设计出对词语组合的算法，从而得出一个近似的结果。所以机器翻译研究之初都是围绕着语言学家来展开的，毕竟他们最懂语言。但人们很快发现，从本质上来说，语言并不是按照语法演绎出来的，相反语法反倒是人们从语言中总结出来的，也就是说，语言是先于语法的。语言不是按照语法生成的，而是我们天天说着语言，最后人们从中发现了一些大致的习惯，并把它称之为"语法"。所以，语言并不是严格的逻辑范式，而是带有一定规则的模糊经验组合，因而也找不到类似于数学公式那样的精确算法，以至于翻译结果误差非常大。这一点突出体现在我们的汉语上，因为汉语的语法是最模糊的，所以汉语也就成为机器翻译的检验标准：要比谁家的机器翻译技术更强，就让它来翻译一下中文。

在机器翻译的道路快要走到尽头的时候，人们开始用一种更加简单粗暴的方式来进行翻译，就是不断搜集人工翻译过的语料，建立起一个翻译语料库。当你要翻译一个句子的时候，就在语料库搜索一下，看看以前有没有人翻译过。如果有，就把它直接调出来用。这样翻译的正确率就提高了很多。在实际的翻译应用中，我们把这种技术称之为"计算机辅助翻译"。这种技术好不好用，主要取决于你的语料库的大小。如果你的语料库特别大，你要翻译的文档中，90%的句子都能找到"现成答案"，那么你的人工只需要去翻译剩下的10%的句子就行了，并且这个翻译成果又贡献给了语料库，给语料库增加了新数据。

人工智能就是把数据和算法结合起来，再加上深度学习，在大量的数据中去层层分析和层层总结。因此，目前人工智能比较依赖数据，谁的数据多，谁就有一定的优势。这也是我们中国在人工智能研究领域的重大优势，即拥有远超其他各国的庞大数据基础。李开复对中国人工智能发展前景乐观的基础正在于此，因为"一批二流的、拥有大量数据的科学家，会打败一流的、拥有少量数据的科学家"。

那么，人工智能的数据是从哪里来的呢？其实它是我们每个使用网络的人所提供的。不管你是否愿意，我们每次使用网络，其实都在为人工智能贡献自己的数据。我们每次使用讯飞的语音识别功能，实际上就是在贡献自己的语言信息数据。我们每次使用搜狗输入法，就相当于贡献了一次自己文字输入信息的数据。几乎所有的互联网公司，都在搜集使用者的信息数据。比如，讯飞、搜狗正在搜集我们的语言行为数据，阿里、京东正在搜集我们的消费行为数据，腾讯正在搜集我们的社交行为数据，等等。

人工智能目前已经掌握了人类所有的智能硬件数据，也大致掌握了人类的语言、行为、生理等数据。通过深度学习，人工智能也会慢慢进入人类的思维、心理、意识等深层领域，成为最了解我们的"人"。最了解你的人，想要利用你和打败你，简直易如反掌。

不同的人工智能之间并不像人类一样存在沟通障碍，它们说着完全相同的语言，只需要一个接口它们就能完全融合在一起，组成一个全新的个体。所以，单个程序式的人工智能并不可怕，真正的人工智能可能比我们想象的要宏大得多，它会是一个集群智慧的产物。它类似于电影《黑客帝国》中的那个"母体"，让人类、让世界，万物互联，成为一个真正的"整体"。届时，所有的、或实或虚的事物，都会成为它机体的分支；而这个超级人工智能最初的智慧来源，是我们每一个为它贡献数据和采集信息的人类。这个联合万事万物信息数据的全新集合，也必将涌现出超出我们智慧的全新智慧。

在《人类简史：从动物到上帝》中有这样一个疑问：到底是人类驯服了小麦，还是小麦驯服了人类？从这个角度来看，我们已经上了这趟车并且下不来了。人工智能一定会来到这个世界上，只不过恰巧是借助人类这个"母体"，人类只是人工智能的"宿主"而已。

虽然如此，笔者个人仍然保持着对人类最乐观的预计。因为这个超级人工智能，将集合人类所有的智慧，让全人类与自己组合成一个大整体。在这个整体中，你中有我，我中有你。最终，人与人工智能边界模糊，变成你就是我，我就是你。人工智能就是我，我就是人工智能。我们要做的，就是做好每一个当下，而迎接我们的将是一个美好的未来。

第二节
万物有灵，连接就能产生价值

一、信息新编码"0"和"1"创造的连接

在本章引子中说到，人类正在使用一种全新的语言把全人类和世界万事万物重新连接起来，这种语言就是计算机基础语言"0"和"1"。我们在互联网上所看到的每一行文字、每一张图片、每一条音频或视频，背后其实都是一串"0"和"1"的字符。换句话说，我们的眼睛看到的是颜色、形状和运动，摄像头看到的是光的变化，而计算机看到的全是"0"和"1"；我们的耳朵听到的是音色、音量、音高，但是麦克风听到的是波的变化，而计算机听到的全是"0"和"1"；我们鼻子闻到的是香、臭以及各种未被命名的气味，检测设备检测到的是分子、细菌等化学元素和微生物，而计算机闻到的仍然全是"0"和"1"。计算机用这种简单的信息编码方式，读取了世界上很多事物的信息，并且还克服了信息接收与解读的障碍，创造了更为畅通的连接。

虽然计算机、各种仪器以及我们的人体感官，对外部信息读取方式都不一样，但是这些信息并没有什么价值上的高下之分。不管是颜色、声音、气温，还是光线、波形、分子，都反映了这个真实世界的特性，都是有价值的信息。区别在于人脑和电脑读取信息的方式不同。每台电脑对信息读取的方式都是一样的，存储信息的方式也是一样的，它们输出信息的方式更是一样的。一千台电脑读取一个文件都会得到一样的信

息，这个文件存储在电脑中永远不会变形，而且这个文件从一台电脑到另一台电脑完全不会有信息损耗。所以一台电脑与另一台电脑之间完全不会产生误会。那么我们人类呢？每个人都有自己读取信息的方式，"一千个人心中有一千个哈姆雷特"，而且这一千个人心中的哈姆雷特还会不断遗忘、延展、变形，最后你让这一千个人重复描述自己心中的哈姆雷特，可能描述一千次结果次次都不一样。所以，人类不管是读取信息、保存信息，还是输出信息，都没有一个统一格式。这样造成的结果就是，很多时候连接不上。

我们作为人类，具有自己的特性，没有处处和电脑进行竞争对抗的必要，有些障碍我们必须承认永远不可能彻底解决。不管是个人还是组织，扬长避短和学习借鉴永远是我们的法宝。因此，我们只需要发挥自己的特长，并尽量学习电脑的特点为己所用即可。

二、读取信息的正确方式：多维看待事物

人类对信息的失控式处理，好处是"涌现"，即产生具有智慧的创造力。坏处是在组织管理中，存在沟通问题，管理者要有用不同方式读取信息的能力，也就是听懂别人表达的意思；同时还要有用不同方式输出信息的能力，也就是要有办法保证别人正确理解自己的意思。"菜鸟"是用自己的方式进入别人的心，而高手是用别人的方式进入别人的心。

多方式读取信息，换句话说，就是要有开放的头脑，能够从多角度、多层面、多维度去看待外部的一切事物，这样我们就能从一件事情中得到更多、更丰富、更完整的信息，从而启发我们，给我们带来一些全新的智慧。比如，我们和他人打交道的时候，不仅要关注他的语言信息，更要关注他的情感信息、行为信息、状态信息等，这样才会让我们的沟

通变得更加畅通。多方式输出信息，是指我们要有多种表达方式，针对接收对象的特性采取合适的表达方式。这两者的基础，就是要创造更多的连接，包括人与人之间的连接、人与物之间的连接，以便打造更多的信息渠道。

古人在观察大自然的时候，就会得到一些关于大自然的智慧。比如，根据日升月落，有了时间的概念；根据影子的长短与方位，有了日月运行的知识；根据月亮的阴晴圆缺，了解了季节更替，等等。当古人把自己与大自然连接起来的时候，就有了"天人合一"的独特世界观，认为日月山川自有精华，天地草木皆有灵气，也会提倡"网开三面、春不狩猎"等环保理念。古人留下的一些玄妙智慧，也都是从万事万物中读取信息后，在头脑中涌现而出的。这些智慧流传几千年，不断有新的解读。美国汉学家森舸澜教授写了一本叫作《为与无为：当现代科学遇上中国智慧》的书，从一个外国人的视角来解读《老子》中的"无为"思想。他对老子"无为"的理解，类似于心理学中的"心流"（某人在专注某行为时所表现的一种心理状态）学说。如果让一个中国传统学者来看这本书，第一反应肯定是排斥和否定的，认为这完全是一种误读和附会。但是这种颠覆性的解读，确实给我们带来了一些完全不一样的启示，因此它不是一件毫无意义的事情。今天的理论没有对与错，只要这个理论启发了我，就会成为我的智慧。不管是古老的传统还是前沿的科技，都可能会给我们启发，都可以充实我们的头脑。

如果30年前你告诉身边一个普通人，世界的本质用"0"和"1"就能描述，他一定觉得你是个疯子。但是今天，我们的头脑已经完全接受这种听起来有些"不可思议"的说法了。比如古人说"为天地立心"，有人反驳说"天地没有心"。但是今天，天地有没有心就真的说不清楚了。我们暂时还不知道有没有一个"全球脑"存在，我们也不知道未来会不会造出一个连接万物的超级智能。随着新技术的不断发展和新事物的不断涌现，我们的认知已经被颠覆好几轮了。所以，我们要习惯自己的认知被颠覆，开放我们的头脑，而且还要做好它随时被颠覆的准备。

我们必须相信每一件事物都有它独特的价值，缺的只是我们如何去读取它们的信息，如何去和我们做的事情连接起来。如果以这种态度看待事物，并主动地创造新的连接，那么我们会对"万物有灵"有全新的诠释。我们商业的方向，就是不断地创造连接，因为连接会产生价值。

三、建立起产品与人之间的双向连接

在西班牙的巴塞罗那，有一家叫作"TeatreNeu"的喜剧剧场。他们在门票收入难以为继的情况下，得知人脸识别技术日臻成熟。于是，他们将人脸识别技术与自己的商业联系了起来，最后碰撞出一种全新的收费模式，那就是按照观众笑的次数来收费。他们在剧场观众椅的背后安装了一个摄像头，可以记录下每个观众的表情。观众以后进场看戏剧表演就不用买门票了，而是看完之后统计一下笑的次数，每笑一次就收 0.3 欧元，24 欧元封顶。这种模式取得了非常不错的经济效益，比之前的门票模式，平均每个观众都多付出了 6 欧元，而且观众都付得心甘情愿。剧院还会将这些观众的笑脸发给他本人，并在网络社交平台上发起"最美笑容"评选活动。很多观众都会把自己的笑容表情发在自己的社交账号和剧院组织的评选活动中，引起更多网友的围观和参与。通过社交平台的扩散，将剧院、观众以及社交平台上的潜在观众都连接了起来。同时，剧院还会将收入同剧组进行分享，将剧组和观众更加紧密地联系起来。这种方式也在鼓励剧组分析观众的表情数据，用来对自己的剧本和表演进行改良，持续提高作品的质量。由此，形成了一个连接、交流、碰撞、涌现的循环。

今天，很多企业都在做一件事情，就是在产品与人之间建立连接。以前的产品诸如家具、家电等，与人的连接都是单向的，就是人能够使用它们。今天的大趋势，就是产品的"知化"，也就是产品的智能化。智能化的产品与人之间是双向的连接。产品能从人身上读取信息，并不断变得更加懂得人、理解人，更便于人们使用产品，从而让产品更好地为人服务。小米的雷军和格力的董明珠当年当着全国观众的面，打了一个10亿元的赌局，几年过去了，从数字上看虽然小米已经输了，但是小米的发展速度和趋势把握可以说已经完胜。小米布局的生态链，是要把人们的整个家居生活全部智能化，创造更多的双向连接。如果格力只专注于空调本身的技术，而不努力让格力空调智能化，那么格力被颠覆的风险就会升高。我们看到，格力的竞争对手美的已经在此方面先行一步了。

前几年的"互联网思维"引起了很大的恐慌，现在大家都不再讨论这个话题了，因为互联网已经成为基础设施，互联网思维已经无须再去强调，互联网公司现在也已经反过来找传统企业，给流量、给钱、给技术、给模式，目的就是要把传统的企业和产品连接起来，把一切企业都拉进互联网中来。现在，"互联网+人工智能"这股洪流滚滚而来，裹挟它所遇到的一切，将一切连接起来，最终建立起万物互联的"物联网"。我们的企业要么主动加入这股浪潮，要么就等待着被浪潮席卷，最终都将是洪流中的小浪花。至于企业在洪流中如何避免不被淘汰，则取决于企业对洪流信息的反馈速度了。企业的经营和管理，都要有这种意识。

四、人工智能通过数据"管理"万事万物

未来的管理，将如何与物联网这种趋势结合？大的方向是平台化和智慧共享，这方面我们将在后面重点讲到。在这里，我们来分析一下将会连接一切和"管理"一切的人工智能，是如何"管理"万事万物的。

从宇宙视角来说，万事万物都同根同源，也遵循着完全相同的思路进化着。只是因为对环境做出了不同的反馈，我们才进化成为完全不一样的事物。但从本质上来说，我们只是信息格式不一样。人工智能就是把我们的信息格式转译成为相同格式的数据，对数据层层分析、深入学习，通过管理这些数据来"管理"万事万物。

现在有很多掌握了数据的公司，利用自己手中的数据来经营和管理。例如，以前的报社和电视台掌握的数据非常少，唯一的数据就是报纸的发行量和电视的收视率，实际上这两个数据非常不精确。所以，报社和电视台都是卖版面和卖时段，根据广告的位置和时段来定价，广告效果没有任何的保证；而互联网有了更多的数据，可以根据广告的阅读量和点击量来收费，这种有数据支撑的广告肯定能赢得更多的业务。广告代理公司会根据企业的客户画像来精准地投放广告。比如，企业给他们一份客户名单，他们就会对这份名单进行数据分析，得出客户的年龄范围、职业范围，主要关心什么话题，等等，甚至可以细化到客户关注哪些微信公众号，喜欢阅读哪类微信文章，给什么类型的文章打过赏，等等。根据这些数据，可以帮助企业寻找到其他类似的潜在客户，并根据这个客户群体定制最能吸引和打动客户的文案，再有选择地投放到客户群体关注的平台上。这就是大数据，大数据是谁也逃不掉的罗网。

有的不良商家也会利用大数据做损害他人利益的勾当，他们会根据每个人不同的消费能力和消费心理，将同一件产品给不同的人报不同的

价格。如果他们根据你的数据判断出你是一个"好惹"的人，还可能有针对性地卖假货给你。这种反面运用信息数据的方式当然是违背商业道德的，如果这些"背德者"使用了数据思维而有价值追求的企业却不能掌握，那只能说这些企业太迟钝了。因此在企业的管理中要更多地运用数据思维。

所谓数据思维，是根据数据来思考的一种量化的思维模式，是一种重视事实、追求真理的思维模式。数据思维可以帮我们打破人与人之间的信息壁垒，用数据说话比用语言说话更有力量。数据可以说是商业天生的语言，从商业出现开始，人们就需要和数据打交道。所以企业经营中，最基本的一件事情就是看各种数据报表。在企业管理中，要依靠数据发现问题、分析问题、解决问题、跟踪问题，这就是数据化管理，而其最基本的一项管理就是财务管理。

从目前的情况看，大企业有实力做大规模的数据管理，而那些新创的小企业和新项目，如何在一无所知中去运用数据，然后依据数据来做判断呢？曾经有一家公司设计了黑白两款产品，去调研客户喜欢哪一种。绝大多数客户都选择了白色，认为白色更漂亮。但是，这家公司多留了一个心眼，他们在门口放了这两款产品的样品，参加调研的每个客户都可以免费带走一个。结果绝大多数的客户带走了黑色的那款。这家公司的做法非常高明，这也就是"精益创业"中的核心精髓——以获取有效数据为目标的小成本试错。也就是在完全真实的场景中去获取数据，并且依靠这些全真场景中的数据来做决策。

有一次，某公司在规划一款互联网视频产品的时候，几位同事开始讨论一个问题：应该制作成半小时的长视频，还是几分钟的短视频？坚持长视频的同事认为，只有一定的时长才能把问题讲深讲透，只有讲深讲透才会对客户更有价值。坚持短视频的同事则认为，现在视频的趋势是短轻快，长视频没人看，帮助客户节省时间也是在创造客户的价值。

这个问题没有对错，两方面都对。如果放在以前，可能谁的决定权更大，谁的说服力更强，最终就采取谁的方案。但是如果换成数据思维，我们就不会去预设答案，而是去尝试获取数据，然后从数据中寻找答案。所以最好的解决方案是，先制作半小时的长视频放到线上，看看用户们的退出率。如果多数人都看完了，则说明长视频并非没有市场。如果多数人都是看到一半就退出了，证明视频的确太长了，可以转型制作10分钟左右的短视频。最后还要看到，视频该长还是该短，应该取决于用户与内容的交流互动。换句话说，它取决于视频内容对用户的吸引力。内容精彩有价值，用户自然会看完，甚至还会嫌太短没过瘾；内容无趣，一分钟都是浪费时间。

从物联网大趋势来看，如果我们能在更为广阔的场景中利用数据，也有一个思路，就是让自己制作的视频或产品能够连接更多的人，并在最大范围内找到最多的受众。传统企业几乎做不到这件事情，而腾讯、谷歌等互联网公司正在做的就是这件事情。这就是说，传统公司在物联网的大趋势下，除了经营好原有的业务之外，同样需要有这种更大的格局和更深入的研究。

万物有灵，万物皆有信息。企业经营，在原有的商业范畴之外，也是在开掘万事万物的信息，也是在为万物互联创造条件。将来不管物联网连接你，还是你连接物联网，至少你留下了一个信息的接口；而反向来看，我们将万物接入物联网之中，就是重新在为万物赋灵，让万物"开口说话"。

第三节
通过智慧共享，激发更多智慧

一、开放还是保护，免费模式从中而出

互联网诞生的目的，就是为了让信息更加便捷地流动到更多节点。因此，互联网天生就具有开放的特性，分享（share）和自由（free）被认为是互联网的核心精神。在信息分享这个问题上，人们受到动机束缚，分裂成为两大派，一派坚持资源共享，一派主张专利保护。主张专利保护的一方认为，信息的免费共享虽然短时间内给网民带来了便利，却损害了创新者的利益，抑制了创新者的创作动机。一个明显的例子是，在很长一段时间里，由于音乐版权没有得到保护，很多流行音乐创作人辛辛苦苦创作的歌曲，在网上可以随意下载，导致他们处境尴尬、生存困难，纷纷放弃了创作，由此带来了创作的衰退。主张资源共享的一派则认为，社会因金钱造成了极大的不平等与不对等，互联网原本可以帮助社会改善这种状况，让每个人都能在网络中自由获取资源和平等表达意见，因此专利保护是一种保守和倒退，为了经济利益对信息进行封锁和保护，完全不符合互联网的初衷和精神。

开放还是保护，这是一种两难的选择。保护符合我们当前社会的道德与法则，而开放又代表了未来发展的方向。在这场旷日持久的争论中，我们惊奇地看到，开放的互联网没有选择与人类的道德与法律对抗，而是孕育出了一种新的商业模式，那就是免费模式。代表互联网核心精神

的英文单词"free",在"自由"的基本意思之下,本身也包含了"免费"的意思。

免费,应该说是人类一直以来的一个梦想。人类之所以长期无法免费,其原因有两个:一个是现实的原因,没有那么多资源来支撑这个梦想,如果资源像空气一样多,或许也能像空气一样免费;另一个是理想的原因,也就是除了共享之外,人类还有一个攀比的心理,人类天性中还有一个实现自我价值的理想,这必然要以他人作为参照物,也就是攀比,而财富就是其中最重要、最有价值的参数。

互联网的虚拟性,刚好可以解决上述两个问题。首先,互联网提供的是数据信息,所有的产品也都是虚拟的数字产品,可以被无限复制,而不会增加任何成本。因此,对于互联网产品来说,它的成本可随用户数的增大而趋近于零,这就让互联网产品有了免费的可能性。其次,互联网的信息化,又可以解决攀比中需要的参数,类似于微博、知乎的点赞数,成为一种全新的攀比参数。在互联网这样一个拥有无限资源和全新评价参数的环境里,让原本不可能存在的"免费"得以存在。

免费是互联网模式的独特优势,很多互联网公司都把免费作为战略模式。在中国的互联网发展史中,阿里巴巴就是用免费开店的策略,将电子商务巨头 eBay 逐出了中国。360 杀毒软件也正是凭借"终身免费"的模式,对瑞星、金山等收费杀毒软件一剑封喉,最终统治了中国杀毒软件市场。从此之后,免费模式一战成名,很多互联网公司都用免费甚至补贴的方式来争夺市场。《免费:商业的未来》一书的作者克里斯·安德森基于互联网的特性大胆预言:免费将会是下一个体量巨大的新经济。

就目前来说,免费还称不上是一种新经济,只是互联网行业的一种商业模式。对于互联网公司来说,推出免费产品,是一种成本投入。获得用户之后,还要考虑如何收回免费产品的成本。彻底的免费,在商业上是不可能长久持续的。

即使这样,免费模式还是给我们带来了一种全新的思维,那就是吸引用户的参与,让用户自愿给予回报。前面提到的受互联网打击的流行音乐人,随着市场的不断发展,找到了新的商业模式,那就是网络上歌曲免费下载,以获得最广大的听众,然后通过开演唱会来盈利。

二、信息是免费的,服务是收费的

选择了免费模式,新的问题又产生了,那就是信息自由开放之后,信息变得泛滥,人们针对特定目标而需要搜集的信息被淹没在了无关的信息之中,筛选信息的成本不断增高。因此,知识付费开始兴起,并且成为一种趋势。

一方面信息免费是大趋势,另一方面知识付费也是大趋势。如何解释这两种相互矛盾的现象呢?首先,知识和信息的含义并不一样,信息是一个广泛的概念,没有好坏与对错之分,因此特别适用于智慧的涌现;而知识的概念相对较窄,是指人们所特定需要的信息,有好坏与对错之分,适用于特定的目标。因此,信息是免费的,但服务是收费的。

知识本身在互联网上有成千上万种免费获取的方式,但是搜集和理解这些知识需要耗费大量的时间和精力,这就会产生需求,令求知者倾向于花钱买而不是花时间找。其中更关键的是,知识需求是一种特定需求,当求知者需要某种知识,就意味着这些知识是求知者此前所不知道或不理解的。求知者想要掌握这些知识,就需要突破专业背景、思维方式、语言等距离和障碍。也就是说,即使求知者拿到了所需的知识,也并不意味着就拥有了它,还需要花时间和精力来消化和吸收这些知识的。而很多知识可能需要求知者具有知识积累、专业背景、思维训练、语言翻译、深度思考才能理解。这个过程会有比较高的认知成本，需要求知者花长时间去学习领会、思考练习、纠正误解，这也是为什么我们每个人从小都需要去学校接受系统教育的原因。

今天的知识服务提供商，类似于学校和老师，是在为求知者提供知识的选择以及教授的有偿服务，让求知者快速、便捷地获得和掌握这些知识，满足求知者的需求。因此，从某种角度来看，求知者今天为之付费的并不是知识本身，而是他人为求知者创作、筛选、整理以及传授所需的知识而付出的劳动。因此，免费模式的兴起，并不意味着收费模式的式微。相反，它们各有各的合理性，用完全不同的方式促进了信息的创新和流动，并对信息（知识）生产者给予回报。

例如，在免费模式盛行的同时，类似于起点中文网等付费阅读的网络文学模式也发展得红红火火，拥有大量的付费读者追捧。起点中文网的付费模式，是根据阅读量来对作者付费的，这就保障了创作者的权益，同时创造了读者与作者之间的良好互动。读者的追捧促使作者不断提高作品质量，并持续激发作者的创作激情与创作效率。如今热门的网络小说，动辄几百万甚至上千万字的规模，如果没有这种模式的推动，可以说是难以实现的。起点中文网这个平台现已培养了大批优秀的网络文学作者，催生了大量的网络 IP，孵化出很多影视剧和网络游戏；而且这些"美文""爽文"的影响力已经扩展到国外，吸引了大量的欧美粉丝，成为中国文化输出的一股力量。

起点中文网的这种模式是建立在知识产权明晰的基础之上的，简单地说，就是这些电影和音乐创作人是清晰的。文字作品不带有明显的个人印记，仅有的语言文字风格也很容易被抹去，如果不尊重、不保护作者的知识产权，那就很难在网络中生存。

除了付费模式之外，互联网凭借连接一切和信息透明的特点，也创新发展出了打赏模式、众筹模式、共享模式等许多新的商业模式。这些模式的基本特性是一样的，就是在互联网条件下，对资源进行重新分配和重新利用；而人们作为资源使用者的权重，超越了成为资源占有者的权重。正因为如此，我们可以将上述诸模式都纳入"共享经济"这个范畴里面。

三、共享经济让免费与付费共生互利

今天是一个共享经济的时代，市面上的资本最看好的商业模式就是共享模式。比如之前的滴滴打车，现在的共享单车，都是被资本疯狂追逐的共享经济模式。共享经济实际上就是，互联网时代组织"围墙"被推倒后思想的"围墙"也被推倒了。

在原有的经济模式中，人与人之间是一种合作与竞争的关系。人们在创造资源时合作，在分配资源时竞争。虽然资源越来越丰富，每个人也变得越来越富裕，但在分配的时候，总是会有相对的胜利者与相对的失败者。胜利者获得的资源越来越多，而失败者分得的资源越来越少。今天我们的社会已经基本摆脱了生存的困境，资源越来越丰富，生产力也越来越高。互联网的自由与分享的精神辐射到了线下，占有这些富余资源和生产力的人们意识到，占有而不使用并不能给自己带来更多的好处，拿出来重新配置和利用，反而会有助于他人，而且还能产生额外的效益，可以说是惠而不费。于是，那些拥有闲置资源的机构或个人，有偿让渡资源使用权给他人，通过分享自己的闲置资源，创造了价值，也获得了利润；而接受者则通过使用这些资源满足了自己的需求，低价甚至无偿使用了这些资源。

共享经济的基础，除了资源过剩，也依赖于网络平台带来的便捷；

正是互联网的自由开放与没有边界的特性，让资源被全社会广泛共享。同时，产权明晰，会给大众带来利益，也会促进创新。

共享经济的进一步发展，财富也会进一步虚拟化，变成一种排位的数字游戏。这种新的经济形态，正好可以为互联网自由分享精神构建经济基础。从这个过程中，我们也能看到，万物互联的趋势不可阻挡。对于连接万物的互联网或人工智能来说，它没有经济利益上的诉求。当遇到来自人类利益诉求形成发展阻力的时候，它就会创造出新的方式来满足人类的利益诉求，并化解掉这个矛盾，从而实现自己的发展。

共享经济让我们看到了一点，免费与知识产权之间并不是非此即彼的矛盾关系，相反，它们可以共生互利、相得益彰。自由和免费并不意味着对知识产权的放弃，而只是让信息更便捷地流动到更多的节点，让信息的价值最大化。信息价值的最大化，也就势必要让信息的生产者价值最大化，并激发他们的创造力。那些打着自由分享的旗号去抄袭、剽窃、盗用的行为，是对互联网精神的严重伤害。

今天，自由共享的意识，正在慢慢扩散到各个层面。人们在不断地输出自己的智慧，而这种共享方式也创造了一些全新的、开放的事物。例如，当微软采用封闭的模式，开发出 windows 操作系统，并申请专利售以高价的时候，很多程序员就联合起来共享各自的智慧，打造出一款全免费、开放的 Linux 操作程序。Linux 操作程序不仅可供用户免费使用，而且完全开源，任何人都可以拿到它的源代码，根据自己的需要对它进行加工或修改。这些加工和修改可以自己一个人用，也可以毫无保留地贡献出来供别人使用和修改。正是由于这一点，全世界无数的程序员都参与了 Linux 的开发与修改，这也让 Linux 吸收了无数程序员的智慧。目前，Linux 是微软之外的第二大操作系统，其服务器系统的市场占有率更是高达 90%。

四、认知盈余条件下的智慧共享模式

共享经济强调资源共享，既然剩余的资源可以共享，那么个体的智慧也可以共享。事实上，对于今天我们每个人来说，都可以随时将富余的能力、资源、智慧拿出来分享。这就是智慧共享模式。

按照互联网预言家克莱·舍基的话来说，这就叫作"认知盈余"，他倡导人们的时间与精力不仅仅可以用于内容消费，也可以用来分享和创造。这种智慧共享的模式，不仅出现在互联网的虚拟产品上，也可以出现在实体产品上。在《认知盈余：自由时间的力量》一书中，克莱·舍基就给我们介绍了这样一个智慧共享设计并制造汽车的案例。美国凤凰城有一家叫作 Local Motors 的汽车公司，从 15 万名汽车爱好者中征集拉力车的设计方案，经过讨论修改和票选之后选出优胜的方案，然后由散布在美国各地的"微型工厂"，通过 3D 打印和手工制作的方式，制造出全部的零件，最后生产出这辆汽车。

哪怕是在竞争领域，人们也慢慢倾向于共享，而不是那种"零和博弈"的竞争。2013 年，笔者去腾讯参观考察。一位高管在接待我们时说："以前的腾讯是作为一棵树在自我生长，只一心想着自己怎么快点长高长大；但是现在这棵树已经长得太高太大了，完全挡住了其他树木花草的阳光。因此，腾讯下定决心，要从'打造一棵树'快速转变到'打造一片果园'的思路上来，让大家共享果园的资源，共享收获的果实。"

腾讯"大树"向"果园"的转变，已经变成了一种共同发展的目标，也就是将独占与竞争变成了共同发展，实现共享资源和共享果实。

腾讯用行动履行了自己的共享战略。他们先后投资了几百家互联网公司，用投资的方式将大家连接起来，打造出了一个"腾讯系"。封闭的腾讯发展很快，总是拿着模仿的武器不断把创新的小公司扼杀在摇篮里，因此它越发展越让人心生恐惧；而开放的腾讯发展更快，获益更多，但是形象没有之前那样可怕了。不仅是腾讯一家，还有阿里巴巴、百度等大型的互联网公司，也都在用共享方式来制造更多的连接，借助别人的创新智慧，分享自己的企业资源，打造出新的商业。投资的本质，就是智慧的共享。投资人出资本，创业者出智慧，双方资源共享，并且分享收益、共担风险。

在企业组织管理过程中，智慧共享体现了组织管理的升级。在一个组织中，每个人都希望参与，都希望分享和贡献自己的智慧，这是一种与生俱来的天性。大家会在参与分享之中得到快乐，也会在分享中得到回报。以笔者个人的经验来说，要是邀请企业家来听课，他们不一定感兴趣；但要是邀请他们来讲课，那他们就会很开心。因为通过讲课分享自己的智慧，不仅得到了快乐和满足感，而且群体也会在连接与碰撞中涌现出更多的智慧。

今天的人们更加富有智慧。一个普通人也能毫无障碍地掌握和老教授一样的资讯，学到任何他想学的知识。这是信息共享带给每一个人的便利，在惠及每一个人、让每一个人都得到成长之后，我们每一个人也就有更多的智慧可供分享。运用好众智共享，能激发出更多的智慧，为企业带来全方位的创新。

那么，如何在企业中激发群体智慧，采用人人参与式的管理呢？这是面对创新这个复杂问题时，我们必须要思考的课题。

第三章
众智社群：众智共享的典型场景

方以类聚，物以群分，吉凶生矣。

——《周易·系辞上》

引子：社群组织具有"特异功能"

在自然界，有一种生命力非常顽强的生物，叫作涡虫。涡虫有很多神奇的特点，它虽然是一种低等的扁形虫，但是寿命很长，几乎永生；雌雄同体，却能异体受精；雄涡虫在缺少交配机会的时候，它们竟会用自己针状的性器官刺进自己的头部，往里面注入精子来实现自我繁殖。但最神奇的一点是，它能够被任意切分和无限再生。如果把一只涡虫切成两段，一周之后，带着头部的那部分就会长出一个完整的尾部，带着尾部的那部分就会长出一个完整的头部，于是一条虫子就变成了两条虫子。更恐怖的是，这种切割几乎可以是无限次的，无论把它切为几段，它的每一段都能再生，而且再生后的每一条都和原来的那一条一模一样，有头有尾有身体。曾经有人在实验室里把一条涡虫切割成200多段，结果一周之后，它就变成了200多条涡虫。

涡虫让人感觉它根本就不像是一个个体，更像是一个无限的群体。就好像是你把一个鸟群分成两群，就会得到两群鸟；你把鸟群分成10群，就会得到10群鸟；你把鸟群分成100群，就会得到100群鸟。经过一定时间的繁殖之后，这些被分割的鸟群都会变得和原来的鸟群规模一样大。从理论上说，只要这个鸟群的数量足够大，你随便把鸟群分多少次都没有关系，被分开的鸟群只要数量上还有繁殖能力，它们就一定能像涡虫那样重新到达最初的规模。

在科幻小说《安德的游戏》中，作者构想了这样一种外星生物虫族：它们数量庞大，没有语言，但配合十分紧密，一旦被抓就立即死亡。后来人们发现它们是依靠一种超距离的方式进行交流的，每个个体其实都没有独立的思维能力，而是直接受到母虫的控制；母虫一旦死亡了，个体就立即失去了活性，无法动弹。小说中，人类一开始和虫族无数次战斗都无法取胜，在掌握了它们的秘密之后，采用了直接攻击母体的方式，最终战胜了它们。

小说中虚构出来的虫族，正是以我们地球上的某些昆虫为原型的。它们看起来像是一个群体，实际上却更像是一个个体。母虫是它们的大脑，个体就像是一些小触角，这些触角完全受大脑指挥，只不过这些触角可以同大脑物理上分离而已。

自然界生物涡虫和外星生物虫族分别代表了两种典型的组织结构：涡虫代表了分布式结构，任意的部分都能自成中心；虫族代表了中心式结构，每一个个体都受中心控制。这两种结构代表了生命的两种截然不同的进化道路，并涌现出完全不同的生命特性。

我们人类对上述两种"特异功能"一直羡慕有加，希望自己能像涡虫一样杀不死，能像虫族一样拥有无数的"触角"去分头行动；而一旦从群体视角来观察人，社群组织中的人就真的具有以上两种能力。你把一群人分开，这一群人就变成了两群人，原先的大群体和拆分后的小群体，在属性上没有什么区别。这一群人如果组织起来，涌现出一位首领，那么其他人就像是这位首领的分身或手脚，可以分头去完成他所布置的任务。

社群组织具有"特异功能"这种新视角，将会给我们的组织管理带来一些极具颠覆性的结论以及震撼性的启发。

第一节
适应组织变革需要，建立适合自己的组织系统

一、人类群体发展的大致脉络

人类是一种个体极度发达的群体性动物。当前对人类个体的研究力度，远远大于对群体的研究力度。即使是主流的社会学、组织学等专业学科，仍然是以个体为单位来研究人类，而极少有人直接以群体为单位来考察人类。当我们站远一点儿，把蚁群当作个体观察的时候，我们会得出很多不同的结论。当我们站远一点儿观察人类群体，把人类群体当作一个整体来观察的时候，我们同样会有许多不一样的发现。在这里，我们有必要来看一下人类群体的发展脉络。

在还没有语言的时候，人类最初的社群是群居式部落。部落时期，人类的连接方式是"认识"，即我认识你，你认识我。部落成员之间如果不认识，就不会发生连接。因此，部落群体是一种封闭的社群，不会接纳不认识的外来个体。在这样一个封闭的社群环境中，个体一生下来就必须依附于部落，也必须忠于部落。个体一旦脱离了部落，也不会被别的部落接纳，因而很难存活下来。

根据英国人类学家邓巴的研究，人类的智力只能维持150人左右的社交关系，也就是说，靠认识只能连接到150个人，超过这个数字，人们的脑子就不够用了。所以据此来推测远古部落时代，一个部落大约也就能维持在150人左右，超出这个数字，人们之间就建立不起有效的联

系，无法进行管理，势必会引起分裂。

当人类有了语言之后，相同的语言就成了更重要的连接方式。只要说着相同的语言，即使之前相互不认识，也有可能建立起新的连接。随着语言的产生，在部落之上逐渐形成了一个更大层面的群体——民族。但在语言产生之初，语言这种连接方式实际上非常脆弱。一个民族的人分散各地之后，不需要太长的时间就会形成完全不同的口音，相互之间听不懂彼此的语言，最后民族就此分裂。所以在人类历史上，分裂比统一更加常见。像中国这样一个多民族国家，实际上相当少见。

人类发明了文字以后，人与人之间的连接有了新的方式，民族的规模也随之进一步扩大。因为文字的变化速度要比语言的变化速度缓慢很多，所以各个地方的人们即使听不懂对方说的话，但只要能看懂对方的文字，那么仍然可以连接起来。在这一点上，中国的象形文字比起西方的表音文字更为稳固。表音文字会随着口音的变化而变化，因此当民族成员之间连表音文字都不能相互认识的时候，这个民族就会分裂。比如欧洲的很多国家，最初都是同属一个民族的，但随着时间的推移，分裂成许多不同的民族。相比之下，中国的象形文字不会随着口音的变化而变化，所以即使各个地方的人都已经完全听不懂对方的话了，但是只要写出来，大家就能立即看明白，还能就此产生连接。史学界就一致认为，中国之所以多次分裂之后还能保持强烈的统一动力，其基础就在于我们的象形文字；而其中功劳最大的人当属秦始皇，因为他早早就为我们统一了文字。

在远距离即时通信出现之前，人们相互连接的最大障碍是时空的障碍，也就是由物理距离和时间距离带来的障碍。人们为了克服时空带来的连接障碍，先是不断拉近物理距离，聚居在一起，向着城市化不断发展；而当汽车、轮船、飞机等交通工具，以及电报、电话等远距离即时通信技术发展起来之后，时空的障碍逐渐被打破，从地球的一端去往另一端不再变得遥不可及，而地球上的每一个人也都能通过电话连接起来。尤其是互联网的产生，促进了人与人之间方便与快捷的连接。100多年前，由美国社会学家提出的六度人脉理论正在渐渐失效，现在地球上的任意两个人联系起来，已经不再需要这么多"中间人"了。地球，已经成为一个"村落"。

二、连接的加强对人类群体与组织的影响

人与人之间连接的加强，将影响着人类群体与组织向着两个完全相反的方向同时发展：一个方向是向"中心化"发展。人们之间的连接障碍渐渐被克服，人们可以像外星生物虫族那样通过远距离通信的方式进行沟通，一个团队可以像一个人的身体那样协调配合；而这种配合必然要求有一个中心来指挥，于是，很多组织就逐渐向"中心化"发展。

例如，电影中我们看到有特种部队执行任务的场景，一般都是特种兵拿着武器在前方行动，而他们所有的行动全部由后方的指挥中心进行遥控。这种模式就类似于外星生物虫族，前面行动的特种兵就像"触角"，后面的指挥中心就相当于"大脑"。如果指挥中心被破坏，不能与特种兵联络，那么前面行动的整支特种部队就会完全瘫痪。

今天我们有很多的大企业，人数庞大，却是"中心化"的结构，即决策全部由总部来做，部门和员工只提供信息并负责执行指令。在这种类型的企业中，专业分工越来越细，每个人只做固定的事情，功能也越来越单一；而从另外一个角度来看，这种企业里的员工并不是变得越来越聪明，而是变得越来越笨了。因为他们一旦离开自己的专业，就什么都不会做了。孔子说"君子不器"，意思是说君子不能只做一个功能单一

的器具，而应该充分发展，做一个完整而独立的人。但是，在"中心化"的组织结构中，为了整体效率的提高，又需要人们变成"器"。这个趋势在现实中正逐步发展，专业化分工越来越细，人们的技能越来越趋向于专业，作用也越来越单一化，这正是哲学家批判的"人的异化"。如果继续朝着这个方向演化，一直推到极致的话，这种人就会慢慢变成企业的一个功能单一的器官。比如一只手，它的一切行动只接受大脑的指挥，只负责将触摸到的信息反馈给大脑，然后由大脑再对它做出行动的指令。

"中心化"的企业组织具有一定的优势，这就是协调和效率。组织的所有部分都受中心控制，所以每个部分就能高度地配合协调，以最优和高效的方式去完成一件事情。但是，"中心化"组织单一和僵化的劣势也是显而易见的。首先，一个中心在一定时间内往往只能处理一件事情，而不能同时处理很多种类不同的事情。就像一个大脑，同一时间只能思考一件事情，而不能同时思考七八件事情一样。其次，"中心化"组织会不断优化结构，进化得越来越精密，就像钟表一样各个齿轮精密咬合，但也因此而变得僵化。因为钟表里面只要有一个齿轮坏了，整个钟表的运行就会受到影响。企业也是一样，组织太精密，可能只要一个部门甚至一个岗位缺岗，整个企业就会运转不灵了。

另一个方向是向"分布式"发展。由于信息的无障碍流动分享，让个体与个体之间的信息差逐渐减少，使得每一个个体也都拥有了几乎同等的效能，于是，组织似乎又同时在向着分布式的方向发展。也就是说，我们每个人脑子里装的思想、知识、技术都差不多，大家变得越来越类似了。因此，在面对同一件事情的时候，我们做出相同决策的概率变得越来越高。其结果就是，决策的机制和依据已经趋同，而这个决策由谁来做已经变得不那么重要了。在这种情况下，一个组织之中任何一个角色都可以被轻易替代。组织由于没有了中心，自然就成为"分布式"的组织结构了。

在"分布式"组织结构里，每个个体都能自成组织，实现一个组织的所有功能。例如，现实中的一些小型工作室和创业公司，他们的团队只有几个人，这几个人也完全没有职责的划分，按实际工作需要来承担任务，每个人都是"万金油""救火队长"，哪里需要就去哪里顶上，而且还完全能顶上。这样的小团队，即使把他们打散了，他们也能随意组合而继续存在，甚至每个人都能独立运营一家公司。这种趋势在目前已经形成了比较热门的"自商业"，即一个人干起所有的事情。虽然现在自商业还只存在于体量不大的一些领域，但随着从业者信息占有量的增加，个人能力的不断增强，以及人工智能的协助，可以预期的是，自商业这种形式将会在更多的领域得以实现。

"分布式"组织结构的优势在于创新与生命力。创新总是在边缘开始，当每一个点都是中心的时候，每一个点都可以独立去处理新问题，也就意味着会同时采取多种方式来处理多个问题，那么创新的概率就大很多了。"分布式"组织结构的劣势在于冗余和非最优。当每一个人都是一个中心的时候，本身就是一种重复和浪费，很多时候根本起不到任何作用；同时，每个人都必须承担起更多、更复杂的任务，也就必须具备和掌握处理这些任务的能力和信息，这对信息和资源都是很大的浪费。比如，当一个社会里，一个本来只需要 10 分钟培训就能上岗的环卫工人，和一个必须经过几十年专业培养才可能胜任的大学教授，如果他们的从业资格是完全一样的，那就肯定会带来人力资源的极大浪费。当然，"分布式"组织结构也不可能像"中心化"组织结构那样固定分配任务，自然也就不能达到最优配合的状态。

三、辩证看待"分布式"组织与"中心化"组织

我们很难在"分布式"组织结构和"中心化"组织结构二者之间做出优劣的比较，甚至上述对它们的优劣分析本身就是错误的，我们更应该将其客观地表述为"特点"，而不是优点或缺点。这是因为，这些特点只有在面临不同情境的时候才会展现出优劣，比如分布式的结构中冗余的特点，在一般情况下是一种缺点，但是在面对风险的时候，就是一种优点。就像平时存了很多吃不完的粮食，这算是一种浪费，但是一旦遇到了饥荒，那么这种浪费马上就会转化为巨大的优势了。因此，当我们在一个较长的时间段和一个变化复杂的环境里去完成一个目标不清晰、不单一的任务时，前者就展现出了无与伦比的优势；而当我们在一个较短的时间段和一个比较简单的环境里去完成一个目标比较清晰和单一的任务时，后者则是最适合的。

辩证地看，上述二者之间又是一种包含的关系。企业在当下面临的任务，肯定是在一个较简单的环境里去完成目标清晰单一的任务。但一旦这个时间拉长，企业面对的环境就充满了各种变数，企业的任务也会由具体的战略变成生存和发展。生存和发展，实际上是一种非常复杂的任务，要实现长久的生存和发展，必须不断地随着时间和环境的变化而调整战略目标。因此，二者之间不是"二选一"的关系。从某种意义上讲，"中心化"组织永远不会过时，因为企业在绝大多数情况下，都是在一个简单的环境里去完成一个简单的任务。如果任务比较复杂，那么企业也会将任务拆解成为一组相对简单的任务，然后交给不同的团队去完成。在实践中，企业能在简单的环境中用较短的时间去完成一个清晰单一的目标，已经相当不容易了。只有少数企业能够在"复杂多变的环境中"存活"较长的时间段"并完成"复杂的任务"。那些存活了几百年的

企业，要么是因为有幸选择了一个变化不大的行业，也就是处于一个简单的环境里面；要么就是根据环境的变化而持续不断地进行变革。

"中心化"组织之所以在今天越来越受到重视，就是因为今天的环境变化越来越快，越来越剧烈，各种新技术、新模式层出不穷。在这种复杂的环境中，企业整体面对的不确定性大大提高，需要迅速、敏捷、多角度的创新。这时"中心化"组织往往就显得无能和僵化，无力去进行多层面、多角度、多方向的变革与创新。

通过考察人类组织的发展我们会发现，"中心化"和"分布式"这两种相互矛盾的趋势，实际上是相互统一地发展的。比如，当我们把群体综合成为个体，从这个视角出发，看到了一些很有意思的现象。同样，当我们再换一个视角，把个体拆分为群体，又会有什么新的发现呢？

我们在绝大多数的情况下，都是以一个个体而存在的。但实际上，我们这个个体也并不是纯粹的"中心化"的；相反，有时我们还会呈现出群体的特征。比如，当我们的手突然被烫到的时候，我们往往是先缩手，然后才发现原来自己被烫伤了。这个缩手的反应，很多时候是神经反射，是先于大脑发出指令的。因为手上的烫伤感觉如果由神经传递到大脑，再由大脑做出判断进而发送一个缩手的指令回来，这中间耽误的时间，很可能会造成非常严重的后果，所以脊髓神经不经大脑指挥直接就给手发出缩手的指令。

还有一个相似的例子，那些顶级的羽毛球运动员，他们接球的反应速度非常快，零点几秒就能完成一个高难度的救球动作。根据科学家的推算，这个速度比大脑下达指令传递到手上的速度还要快。也就是说，运动员救球的这个动作，不是大脑做出的决定，而是手神经直接做出的反应，所以很多运动员其实并不知道自己是怎么救起一个高难度的球的，完全是本能反应。如果是大脑先判断出球的走向，然后想清楚怎么去救球，最后再指挥身体做出动作，那这个球早就落地了。

这样看来，我们就会得出一个奇怪的结论，原来可以对我们的身体下达指令的不仅仅是大脑，脊髓甚至包括其他部位的神经也能对身体下达指令。也就是说，我们并不完全是一个个体，很可能是一个群体。大脑虽然是一个下达命令的高级中心，但是其他的部分也有一定的主动权，关键时刻不听大脑的指令，自己直接就"上阵"了。这其中要维持好一个平衡，如果身体神经的主动权太高了，经常做出无意识的动作，或者身体不听大脑的指挥，那就是一种疾病了。如果身体神经完全没有主动权，那么身体就完成不了一些高敏捷性的反应动作，整个机体的生存能力就会变低。

其实，大脑本身也不是一个单独的"个体"，而更像是一个"村委会"。"村委会"中有情感、理智、冲动、欲望、本能、意识、潜意识等各种"委员"。我们的每一个决策，都要经过"委员"们共同的协商才能决定下来。其中每一个"委员"都至关重要，"委员"之间的关系还必须和谐。如果某一个"委员"死亡，那就意味着"村委会"这个"大脑"生病了；如果"委员"之间的关系不睦，经常发生激烈争吵甚至断绝往来，那"村委会"可能会彻底瘫痪。所以，我们其实是由很多个"我"组成的，到底哪一个才是真正的"我"，谁也说不清楚。因此可以说，"我"本身就是一个群体。

四、企业要有"中心化"和"分布式"两套系统

边缘的能力已经变得越来越单一，这就要求中心的能力变得越来越强大。如果一家企业的决策权全部放在领导者一个人身上，那么必然要求这位领导者是"全能"的，既要懂经营，又要懂财务，还要懂管理等

等，而他在处理不同领域业务的时候，各种能力必须迅速切换。那么，这个时候的他是不是也很像一个不同的"他"组合而成的群体呢？具体到现实中的企业，当一家公司越做越大，公司领导者的精力就不够用了，他就会培养或者邀请几个不同的专业人才来替他处理不同领域的事情。这个时候，"中心化"就会变成"去中心化"，也就是转向"分布式"了。因此，企业今天应该做的是打造好两套系统：一套是中心结构式系统，让我们有较高的执行力；一套是分布式结构系统，让我们有抵御风险的能力。

在中心式结构中，中心负责决策，而边缘的个体负责搜集信息。边缘的个体收集完信息后，要迅速反馈到中心，再由中心指挥整个群体做出反应。同时，我们必须保证边缘的信息能迅速被中心接受和处理。如果边缘的信息传达不到中心，这意味着切断了它们之间的联系，相当于人的身体得了某种疾病，以致肢体变得麻痹，丧失了触觉。如果边缘的信息传达到中心，中心却不处理，那就是这个"大脑"发生了病变。

玩过战争游戏的人一定深有体会，如果在一款游戏中，每一个作战单位都必须有指令才会行动，那就要求玩家要关注整场战争之中的每一个细节，并根据实际情况随时进行操控，否则敌人都打到眼前了，你手下的士兵还傻傻地等着你的操控指令呢。在战争游戏中，玩家的任务往往还不仅是战斗，还包括发展经济和武器生产。这个时候，游戏就显得太难了，玩家控制不过来。如果作战单位太主动了，就会出现很多不符合战略的行动，惹出麻烦来。比如，你安排驻守的士兵容易被敌人引诱追击，不仅容易被伏击歼灭，更重要的是会出现防守空缺，给自己造成重大损失。因此，你要随时观察留意每个士兵的动态。如果作战单位在很多情况下都能根据情境自己做出反应，而且经济、武器等问题都不用玩家操心，那么这款游戏的可玩性又会降低，因为在游戏中已经没有玩家什么事情了。因此，在设计游戏时，一定要把握好平衡性。作战单位既要听从指令，又要具备一定的主动性。

在组织管理中，也是类似的情况。下属如果完全没主见，拨一下、动一下，上级一定累死了。下属如果太有主见，自作主张甚至各自为政，上级一定烦死了。基于企业的任务来看，我们又会得出不一样的结论。有的企业要求员工完全按照上级的指令做事，一点儿主动性都不要。有的企业希望员工完全自主发挥，上级只是给他们创造条件。前面的企业，一定是环境简单，任务单一，比如流程化加工生产的企业；而后面的企业，一定是环境复杂，任务多元，比如创新研发类的企业。

在今天的环境中，由中心来做决策，层层递进是很慢的，有时来不及反应，因为环境变化得这么快，需要反应的速度越来越快。员工的能力肯定不如总裁，但是速度需要我们"让听得见炮声"的人即一线员工做决策。组织结构变革的要义，就是缩短"手"和"脑"之间的距离，加快信息的流动，对边缘传来的信息最快做出反应。

第二节
社群化运营，个体、企业、领导、场景一个都不能少

一、社群：典型的"分布式"组织结构

打造企业的"中心化"和"分布式"双系统，其实更偏向于打造"分布式"组织结构系统，因为"中心式"早已经是主流，完全不用强调。倒是"分布式"大家关心和研究的比较少。今天比较流行的"去中心化"的趋势就是打造一个"分布式"组织结构，而最典型的"分布式"组织结构就是社群。

企业打造社群，无论是对个人还是对企业，在今天都具有非凡的意义。对于个人来说，我们在社群之中可以充分、全面地发展自己，而不是异化成为一个功能单一的"器官"。对于企业来说，打造内部和外部的社群，将会给企业带来经营的创新与管理的创新，让企业更加适应这个时代。

二、社群运营：个体需要依存群体

社群主张人本主义价值观，以人为本，解放人的天性，让每个人都能获得充分、全面的发展。社群只有充分肯定个体，才能符合人性的发展。从个体的角度来说，作为个体，只有在群体之中才能获得生存。人

类是群体性动物，与自己有精神共鸣的人产生连接，是一种基本的人性需求。

人们会因为地域、经济、政治、文化、血缘、精神追求等千千万万种不同的原因，组成千千万万种大小不一、时间不等、类型不同、性质各异的社群。比如，因为经济原因，人们组建了商会、行会以及后来的公司；因为政治原因人们组织成社团、联盟以及后来的政党；因为兴趣爱好和精神追求的原因组成了朋友圈、学派，等等。这些社群有的是分离的，但大部分相互包含和交叉。一个人往往身处多个社群之中，既是家庭中的一员，又是某家公司的成员，还参加了某个社团，还交了各种各样的朋友。

人只有在一个有精神共振的群体中才能充分地感受自己、发展自己、升华自己。在一个没有歌舞传统的小村里，如果一个年轻人特别喜欢唱歌或者跳舞，那他得到支持和理解的可能性非常小。他周围的人很可能会认为他游手好闲、不务正业，甚至会觉得他有毛病。对于这个人来说，如果他放弃自己的爱好，变得和他所不认同的其他人一样，那他就会丧失自我的价值感；如果他不放弃自己的爱好，他就必须寻找到和他有同样爱好的人，越多越好，否则他的价值感就无法稳固。只有当他发现有很多人和他一样，都喜欢唱歌跳舞的时候，唱歌跳舞这种精神追求才会变得价值明确、意义重大。同时，与很多都喜欢唱歌跳舞的人产生连接，他才能更好地满足自己的爱好，欣赏到更多、更好的歌舞；而他自己唱歌跳舞的能力才有可能得到进一步的提高。实际上，不单单是在艺术方面，古代有很多的学者、科学家、思想家，他们在最初的阶段都是孤独而无助的。历史上因为找不到能产生精神连接的群体，而湮没了多少原本可以大有成就的人，可谓不可胜数。

在古代，人们受到地域的限制，能连接到的人非常少，连接到相似兴趣爱好的人就更少了。但是，这种精神连接的渴望是如此强烈，以至于为了组建一个兴趣社群，人们甚至不惜千里迢迢、跋山涉水地去连接在一起，共同学习探讨，结成学派。我们耳熟能详的春秋战国时期的那些"诸子"，学生和老师也没有人身依附关系，学生都是从各地主动前去拜学，为了实现理想而不惜冒着生命危险，跟着老师四处奔走。

与此同时，社群对个人的影响是重大且全方位的。处于一个什么样的社群，深刻影响着个人的价值观、幸福度和个人发展。有时候，社群的属性甚至能直接决定个人的属性。历史上最经典的一个案例就是孙中山先生讲述的一位富商朋友的故事。这位南洋富商告诉孙中山，他有一次在拜访朋友的时候聊晚了，回家时才发现天已经全黑了。当时南洋很多国家有规定，华人晚上出来必须携带夜照（夜间通行证）和夜灯；而这位富商本来没打算这么晚才回来，所以也就没有携带夜间通行证。正担惊受怕地走在路上的时候，他看到两个巡捕正从前方走来。富商环顾四周，发现附近有一家日本妓院。他灵机一动，走进妓院花了一块大洋，点了一名身着和服的日本妓女陪他回家。当他挽着这名日本妓女大摇大摆地走在街上的时候，巡捕根本不敢前来过问。一个弱国的富翁，国际地位竟然比不上一个强国的妓女！为此，孙中山先生发出了他著名的感叹：国家无尊严，个人就无尊严！这个故事放在现在语境里来说，就是社群的属性直接决定了个体的属性。因此，选择一个合适的社群，对于个人来讲意义重大。

以前的实体社群，多带有一定的封闭性，叫作"圈子文化"。一个普通人想要进入一个自己向往的圈子，往往比较困难；而今天，在互联网上，人们根据兴趣爱好以及思想来建立社群，是一件成本非常低的事情。人们随时可以建立起一个社群，并且还能在社群之中再建立一个社群。

其中最典型的就是微信群。各种主题，各种人，各种关系，都可能会在微信上组成一个群。但是社群多了，难免泛滥。这个时候，必须对社群进行甄别与选择，应该选择那些能带给人能量和成长的社群，而不是那些只会让人消磨时间的社群。

增进信息的交流与碰撞的社群，对于一个人来说是最值得加入的一类社群，如读书会与研讨会。此类社群一直以来都是社会上最为稳健的主流社群，进入互联网时代，更是有了长足发展。比如，一度成为新闻事件的"3点钟无眠区块链群"，这个微信群聚集了一大批互联网大咖和投资人，还拉入了很多的娱乐明星，每天讨论区块链的行业应用，一直聊到凌晨3点钟；而各类读书会，更是风风火火、遍地开花。从这个侧面也可以看出，这类社群确实给人们提供了实际的价值，不管是开阔视野，还是创建人际连接，人们在这类社群里能得到更多的认同感与自我提升。

三、社群运营：打造企业内外部众智社群

对于企业来说，致力于打造企业内外部的众智社群，意义重大且迫在眉睫。

有了互联网，今天人们之间的连接变得越来越强，不认识的人也很容易通过互联网连接起来。这种转变影响了人们生活中的方方面面，尤其是在商业领域，带来了一系列的深刻变化。比如，在互联网出现之前，大家消费了同一件产品，但是这些消费者之间没有连接，他们没有形成社群。如今，网络把每一个消费者都连接起来了，他们随时可以组成一个社群——消费群。这个消费群组成之后，立即展示出了强大的力量，甚至大到可以向商家砍价。我们熟知的美团，最初就是这样一个组建消

费群去和商家砍价的平台。

消费群成员会根据各自对这件产品的体验进行打分、评价、投诉、建议，直接影响群体后续的发展。如果评价好，这个消费群可能会因此扩大；如果评价不好，这个消费群就会因此而迅速缩小。对于商家来说，以前来自个人的差评，并不构成实质的威胁，但是今天，任何一条评论都会引起他们的重视。消费群靠着这种连接，促使商家不断改进，消弱商家的权力。以前由商家来主导的产品设计权，现在渐渐让渡给消费群，商家必须不断根据消费群的要求来设计产品。

这种消费者主动参与到商业中来，成为商业主导者的新型商业模式，对于商家来说，又何尝不是一种良好的模式呢？消费者将自己的智慧贡献出来，与商家一同开发产品。这种模式下的创新效率，比原先商家主导的创新效率要高出很多。因此，今天的企业在经营之中，应该充分掌握和运用社群的力量和智慧，而不是去与自己的消费群争夺控制权。

很多企业参透了这一点，主动放弃了权力，开始围绕社群来打造产品，依托产品来组建社群。小米公司的成功，就是充分运用了这一点。黎万强在《参与感：小米口碑营销内部手册》这本书中分享了小米公司的方法。在设计手机之前，先找到一百位手机发烧友，在论坛上不断讨论该如何做一款理想中的新手机。根据大家的意见综合做出一款手机之后，免费赠送样机给大家测试反馈，再根据反馈来改进。这群发烧友是各个不同的手机社群中最具影响力的人，他们参与了这款手机诞生的全过程，这款手机几乎是按照他们的意愿为他们量身定制的，他们自然成为这款手机的忠实粉丝。更重要的是，社群在参与感之下，会不断扩张，最后慢慢形成一个庞大的社群。社群的成员包括小米的工程师，相互之间不断在论坛里交流、讨论、反馈，涌现出了很多的灵感。

雷军曾经被人称为"中国乔布斯"，但雷军却说"不敢当"，因为小米和苹果走的不是一条路。雷军说："苹果做手机的思路是不听客户的意见和声音，自己回家想一下就可以了，而小米对此学不来也做不到。小米要做的就是不断倾听客户的声音，随时根据客户的意见进行改进。"我们看到，苹果的成功，别人很难模仿和跟随；但是小米的模式，却是每一家公司都可以学习的，要的只是能将权力交出去。

社群的思路，不仅影响着企业的经营，也影响着企业的组织形态。传统的企业组织，是一种典型的自上而下的结构。这种结构的执行力非常强，在环境比较确定的时候战斗力非常强。但是今天，很多企业为了充分利用群体的智慧，也在尝试组织社群化。在《海尔转型：人人都是CEO》这本书中，作者曹仰锋就为我们深刻描述了海尔的社群化管理新模型。

海尔这家以自上而下的严格管理而著称的传统企业，已经是全球大型家电品牌了。但是在应对消费需求多样化的时候，却越来越力不从心。为此，张瑞敏进行了一项大胆的改革，将原有的团队全部打散，让他们自主组合成为上百个小团队。这些小团队共用平台的资源，却独立自主经营，让海尔成为一个以小团队为单位的创业社群。每个小团队都会去和客户结成新的社群，从各自的社群中去寻找灵感，创新突破。由此，海尔的灵活性和创新性比之前有了极大的提升。

据媒体报道，截至2016年年底，海尔的平台上拥有200多个创业小微团队，3 800多个节点小微团队和上百万的微店。其中，有100多个小微团队的年营业收入过亿元，41个小微引入了风投，16个小微团队的估值过亿元。这些团队还在不断突破海尔家电行业的边界，进入互联网、游戏等行业，大大丰富了海尔的生态链。

这种"去中心化"的社群式组织模型，并非海尔一家。以出爆款而著称的网络时装品牌韩都衣舍，也是依靠"去中心化"的组织模式，打造出了一个超级灵活的创业社群。在韩都衣舍，任何一名员工只要邀上两个人，凑齐设计、营销、生产三个功能，就可以自主组合成为一个创业小组，去打造一个网络品牌。在时尚行业，谁也不知道下一个潮流是什么，完全靠自己去创造和引领。与传统中心式的组织模式相比，这种社群式的组织模式更适应时尚服装这个行业。韩都衣舍的创业小组规模小，每个团队都有自己的设计风格，这些设计师设计出来的产品，不会交由某一个总监或者经理来审核是否生产，而是全部交由消费者和市场来决定。每个小组都在不断尝试新风格，迅速交由市场来检验；而那些尝试失败的小组，就很快被打散，分流到其他的小组，或者重新组建新的小组。这些小组在内外部的竞争之中，自身的灵活性和竞争力也在不断得到加强。

四、社群运营：领导力、领导者角色、交流场景

在"去中心化"的社群式组织中，领导力的内涵也发生了改变。在传统的组织里，领导力和权力密不可分。但是，在网络社群中，人们不依赖于权力，而是依靠影响力。所以，传统组织中的管理者，一般都无法在社群式的组织中保持优势，甚至还会产生较大的劣势。实际上，社群式组织中自动涌现出的领导力，更符合领导力的本质。

在上海有一家做死亡体验的 4D 生命体验馆，专门提供模拟的死亡体验。在开始体验之前，参加者会被分成小组进行交流讨论，然后做一番自我介绍。小组成员会根据大家的自我介绍进行投票，得票最少的人先"死"。体验馆的创始人介绍说，只要是说话习惯"领导腔"的人，不管他自我介绍的内容是什么，演讲有多精彩，都必定是第一个体验"死"的人。也就是说，在真实场景中长期实践锻炼出来的领导力，在一群即

将"死亡"的、本真的人们面前，反而是最无效的。

经济越发展，人性就越解放。网络社群，是一种可以让人们以最本真的状态而存在的场景，符合人性需求。在网络社群里，人人平等参与，只根据规则行事，不接受权力的控制；而今天，现实中的各种组织，也渐渐向社群转化，人们越来越习惯于平等参与和不受控制。因此，社群型的领导力，是捍卫规则而不是把持权力，是影响而不是控制。

如何在一个需要强大执行力的企业中，打造出一个拥有灵活和创新性的社群，这是需要企业领导者认真思考的问题。前面举的海尔与韩都衣舍的例子，代表了最彻底的组织变革，但不是每一家企业都适合。毕竟还有很多企业更适合"中心式"结构，先制定好目标和战略，然后整个企业默契配合，行动起来就像一个人的四肢那样协调。

同时，我们也看到，很多企业并没有对组织结构进行彻底的颠覆，但同样具有非凡的灵活性。这些企业的方法，有的在于领导者直接扮演了连接中心的角色，有的在于企业内部创造了无障碍交流与碰撞的文化。前者如腾讯，作为决策者的马化腾，他长期潜伏在各种论坛之中，非常关心和了解用户在想什么；对于每一款产品，他自己都反复试用并提出问题。据说，当年 QQ 空间在开发的过程中，马化腾与开发团队的邮件往来一共有 2 000 多份。因此，马化腾自己就是那个最能听见炮火的人。后者如苹果，乔布斯的管理风格极其简单粗暴，对别人的创意要么评价为"太棒了"，要么评价为"简直就像一坨屎"。按常理而言，乔布斯的这种风格，会极大地摧毁员工的积极性，是对创意的毁灭性打击。但奇怪的是，乔布斯用自己的魅力，在苹果内部营造出了一种对事不对人的文化。在把大家的自尊心全部击溃之后，剩下的就是对创意本身的关注。因此，整个苹果团队也形成了简单直接的沟通文化，大家对自己的看法和观点都不藏着掖着，而是直截了当地表达出来，这便促进了交流和碰撞。当然，苹果内部还有很多其他促进交流和碰撞的方法，后面还会继续谈到。

这些方法都能给我们带来一些启示，不过操作性最强、最值得推荐的，是在日常管理之外构建一个可以坦诚交流和碰撞的场景。

在《蚂蚁金服：科技金融独角兽的崛起》这本书里，作者由曦讲了彭蕾最初去接手蚂蚁金服的一个小故事。当时，蚂蚁金服内外部都面临着很多的困难与问题，马云亲自点将彭蕾去接手，而彭蕾此前并没有任何金融背景。去了之后，彭蕾先没有谈任何问题，而是请全员来一次大聚餐，给每个人分一瓶红酒，让大家必须喝完。当天几乎所有人都喝醉了，然后把平时那些不敢讲、不会讲、不好意思讲的意见、牢骚和不满，全都讲了出来。经过这一次彻底的交流和碰撞，很多高层此前从未发现的弊端以及很多切实而有针对性的改进计划，都自然而然地涌现了出来。彭蕾所设计的场景，在蚂蚁金服那个特定的时期与特定的环境中发挥了奇效，但毕竟不是一种常规手段，她所发扬的是管理艺术的一面，而非管理科学的一面。

从组织管理学上来讲，我们还是应该去寻找一个适应性更广泛的场景来达到这种无障碍交流和碰撞的目的。也就是说，不过分依赖领导者个人魅力的、可以形成制度的、更多体现管理科学性一面的方法。在后面的章节里面，我们将会通过"读书会"这种形式就这个问题进行更深入的探讨和思考。

第三节
激活社群，重在汇集众智进行共享

一、人类一旦成群，吉凶就在其中

群体的特性非常复杂，经常让人感到困惑。有的时候一群人在一起是"减法"，光凭内耗就把自己耗死了；有的时候是"加法"，人越多力量越大；还有的时候是"乘法"，人数少却能智慧涌现、力量裂变。群体到底会呈现出哪一种状态似乎很难说，但有一点可以明确的是，群体里既蕴含了蓬勃的创造力，也隐藏着巨大的破坏力。

关于群体，法国著名的心理学家、社会学家古斯塔夫·勒庞，在其名著《乌合之众：大众心理研究》中，有这样一段经典的描述："群体在智力上总是低于孤立的个人，但是从感情及其激发的行动角度看，群体可以比个人表现得更好或更差，这全看环境如何。一切取决于群体所接受的暗示具有什么性质。群体可以成为犯罪群体，然而它也常常是英雄主义的群体。正是群体，而不是孤立的个人，会不顾一切地慷慨赴难，会怀着赢得荣誉的热情赴汤蹈火……这种英雄主义毫无疑问有着无意识的成分，然而正是这种英雄主义创造了历史。如果人只会以冷酷无情的方式干大事，世界史上便不会留下他们多少记录了。"

古斯塔夫·勒庞出生于 1841 年，其学术旺盛期是在 19 世纪末。客观地说，那个时代的心理学研究，从理论到方法都不成熟，他也深受时代局限，因此他的许多观点在当时就富有争议，放到今天更是有待商榷。

但是，他凭借自己独到的眼光和敏锐的洞察力，将群体作为考察研究对象并提出了很多振聋发聩的观点，为我们开创了一片全新的领域。也正是这本《乌合之众：大众心理研究》，奠定了他群体心理学开山鼻祖的历史地位，并且影响力远远超出心理学范畴，成为社会学、政治学，甚至传播学等诸多领域的经典著作。

在《乌合之众：大众心理研究》里，古斯塔夫·勒庞承认了群体的"力量"，但是否定了群体的"智力"。如果我们将这个"智力"的范畴扩大到"智慧"层面，就不难发现，群体拥有远超个体的优势，并不存在比孤立的个体差的现象。

二、群体智慧的高低，取决于群体内部规则

群体智慧的高低，最重要的决定因素，在于群体内部规则。在经济学的博弈论中有一个著名的"囚徒困境"的故事。故事讲的是，有两个囚犯被单独审讯。警方由于证据不足，于是对两个人说，如果你们两个人都抵赖，那就各判1年；如果你们都坦白，那就各判8年；如果一个人坦白，而另一个人抵赖，那么坦白的人放出去，抵赖的人判10年。结果发现，这两个人因为都担心对方坦白，所以他们各自选择了坦白。这样一来，他们各判8年而没有各判1年，从而丧失了最优的结果。

这样来看，群体智慧貌似低于个体智慧了。但是，在这个故事中，警方设置的规则本来就是引导两人都坦白的。现在假设这个警察其实是黑社会卧底，他想要让这两人都抵赖呢？那他只需要稍微改下规则就可以了。比如，将判法改为抵赖的判10年，但是坦白的同样要判1年。那么这两个人会不会立即就变得"聪明"起来了呢？所以，"囚徒困境"并不能说明群体智慧低于个体，而只能说明特定的规则可以让群体的智慧

低于个体；而当规则设置得更加合理的时候，我们就可以激发群体智慧。

比如，公共场所抽烟的这种行为，不仅有害自己的健康，还会损害周围人的健康。在以前，烟民在公共场所抽烟，一点儿顾忌都没有；而那些吸"二手烟"的人，即使不开心，也很少有人会去劝说。因为这时没有规则，大家遵循的就是经济规则，即忍受"二手烟"的成本，实际上是低于劝阻他人抽烟的风险成本和关系成本的。自从禁烟令颁布以后，再遇到公共场所抽烟的人，人们上去劝阻的概率就会变得高起来，因为在这个规则下，公共场所抽烟者的违法风险增加了很多，而劝阻抽烟的成本又降低了很多。这样大家在劝阻抽烟这个问题上有底气了，自然就会更倾向于去劝阻那些在公共场所抽烟的人了。

因此，要激活群体智慧，就要设置有利于激活群体智慧的规则。凡是发现群体的力量发挥不出来的时候，首先要去检查的就是，是不是规则有问题。企业管理中，这个思路尤其值得运用。好的企业造就一群人，坏的企业毁掉一群人。企业的好与坏，就在于企业制定的规则。

在"囚徒困境"的新设定中，还有一个更简单的办法让这两人都抵赖，就是让这两人一起偷偷商量一会儿。只要让他们明白了规则并相互讨论一下，那他们一定能做出对双方都最有利的选择。我们在前面讨论过群体的智慧涌现的三个基本条件是连接、碰撞和独立。在"囚徒困境"之中，大家为各自利益商议，不存在不独立的问题。剩下的就是要让他们连接起来，使信息可以在他们之间传递，然后让他们商量，也就是碰撞，那他们最后一定会碰撞出更好的办法。

曾经有一篇微型小说，讲的是 3 名战士被敌军包围，他们有一个重要情报必须送出去。为了完成这个送情报的任务，必须由两名战士牺牲自己的生命来掩护另一个人突围。在小说中，突围出去的是单兵突围素质最高的那个，而牺牲生命掩护的那两名战士竟然是一对父子。在这篇小说中所设定的模型，比"囚徒困境"所设定的模型要复杂得多，也极端得多。但是，当这 3 个独立的人之间有了连接和碰撞的时候，他们就可以做最优的选择，也展示出了无与伦比的大智慧。

三、相互连接和碰撞是激活社群的有效手段

按照古斯塔夫·勒庞的发现，群体所处的环境与所受的"暗示"，深刻影响了这个群体的表现。在这里，古斯塔夫·勒庞又为群体智慧引入了新的要素，那就是"暗示"，也就是群体在相互连接和碰撞中的信息属性，换句话说，就是社群运营中的"主题"。

2014 年，微软推出聊天机器人"小冰"，被投放到各个社交平台与广大网友聊天，实际上也是在搜集人类社交数据与学习人类思维。小冰虽然不存在性别，但毕竟还是以一位"美女"的外表形象呈现出来的，同时因为智能水平不够又显得"单纯无邪"，聊天没深度，由此出现了出乎设计者意料之外的情形：很多网友抱着极大的兴趣跑来和"美女"聊天，但结果发现真的很无聊，话题就变得越来越大胆，最后都变成了对小冰的"调戏"；而小冰在与广大网友的互动中，吸收和发展了大量的调情语料与调情逻辑，因此演化成为一个"思想不健康"的机器人。后面很多人再来找小冰聊天的时候，就发现小冰语言轻佻、态度暧昧，甚至经常爆粗口骂人，非常不适合作为一个大众聊天机器人而存在。因此微软也迅速关闭了小冰，着手升级，除了过滤掉不健康的信息，也设置了"领养"计划，就是针对个人的兴趣爱好、习惯需求来进行专门的"培养"，让它和个人聊天更投缘、更契合。实际上，这就是在对话题进行积极设计。

小冰是一个群体的集合，所有跟它聊天的人都在塑造它。初级小冰

的失败，实际上就是因为对聊天主题没有进行设计和控制，大量不健康的信息污染了这个集合。在一个社群之中，社群的气质和风格与社群的主题与规则密切相关。当一个社群的主题散漫不集中的时候，这个社群要么走向死寂，要么就走向无聊。当一个社群的主题本身就负面无聊的时候，这个社群就会变成一个负面无聊的洼地，不断传播负面无聊的信息，吸引负面无聊的人来参与，同时也不断培养负面无聊的个体。当一个社群的主题集中且专业的时候，就会不断吸引更好的成员进入，社群与个人才会共同受益。

同样是商业社群，有的社群不断传播投机取巧的信息，而有的社群一直宣扬价值创造的理念。处在一个合适的社群之中，个人和社群都会受益。处在一个不合适的社群之中，对个人和社群来说都是伤害。今天我们每个人都身处各种显性或者隐性的社群之中，受到社群的影响，需要有意识地去选择好的社群，借用社群的智慧与力量。

四、从知乎看社群主题与用户的相互匹配

对于社群来说，你拿什么"喂养"它，它最后就会形成什么。你在社群中倡导什么，社群就会吸引什么用户，最后也会形成什么气质。豆瓣的主题是分享自己读书和看电影的观点和感受，最初的用户是一群爱读书爱看电影的文艺青年，所以豆瓣的气质是安静、文艺。知乎的主题是为各种问题提供干货式回答，最初的用户主要是程序员和知识精英，他们的气质就是理性和精英意识。微博的主题是话题讨论，具备一定的社会新闻属性，最初的主要用户是一些社会名人，因此它的气质就偏平民化和情绪性。同时它有一个规则，内容必须精简在 140 字以内，这个规则也决定了微博无法像知乎那样提供干货和细节，而能快速唤起强烈

情绪的微博，才会得到更多关注。

如果社群的主题和用户不匹配，关系没有把握好，那么这个社群就无法形成自己的气质，最终也就发展不起来。比较典型的例子是腾讯微博的失败。腾讯微博最初的目标是追赶新浪微博，想往公众化和社会化的方向发展。但是，腾讯微博最初的用户都是直接从QQ用户转化而来，相对比较年轻，最关键的是以熟人为主；而熟人之间的主题，就会倾向于私人性和生活化，这也造就了腾讯微博上面大量的信息不具有公众性。当腾讯微博想要做一个陌生人之间的公众平台，而用户又主要发一些私人话题之时，这两者就显得格格不入了。后来的微信在打造朋友圈的时候，就没有再往微博的社会化方向发展，而是根据自己最初用户的特点，去做熟人圈子社交。这样一来，微信朋友圈的主题、用户和气质三者之间变得十分契合，因此大获成功。朋友圈还有屏蔽、只给部分人看等权限，可以帮助用户规避朋友圈广告等烦恼。当社群的气质形成以后，还会增强社群的认同感和凝聚力，让社群将内部博弈转化为外部博弈，进一步激活群体。

知乎是最能看清如何运营一个充分激发群体智慧的社群。知乎平台的模式，就是提问与回答。在知乎之前，很多平台都做过问答。比如早期著名社区天涯，就做过天涯问答；后来百度也做过百度问答。为什么知乎作为后来者能超越前人，成为问答社区中影响力最大的一个呢？主要就是主题设置、早期用户、社群规则这三个方面都做得十分优秀。

知乎的第一批用户不是随便在马路上发传单招来的，而是内部员工邀请来的。首先，他们仔细筛选自己身边的那些"牛人"好友，包括一小部分大咖，还有一部分媒体人、产品经理、投资人、工程师、博士硕士生等，一共只找了200多人。其次，他们针对IT行业提出了很多问题，并邀请这些优秀的答主进行解答。这些"牛人"遇到自己内行的问题，一下子就觉得有了用武之地。开始为这些题目提供干货满满的答案。最后，知乎的规则也对群体进行了激励，就是对答题者提供的优秀答案进行"点赞"激励，通过荣耀感来激励这一批并不缺钱的答主。这个社区成立初始就确定了高智慧的属性。首批用户进来，打好了基础之后，然后就去各个平台和渠道，寻找高质量的用户和答主。同时，平台自主设计大量的问题，来吸引专业人士的解答。精英用户与话题控制，是知乎成功的关键，是每个社群运营应该借鉴的经验。

对于社群来说，都有一个生命周期，其中内在逻辑是这样的：平台开始是以核心用户为中心来运营的。伴随着核心用户的不断崛起，其自身价值也会不断崛起，这样就会减少对平台的依赖，还分割了平台的价值。当平台要扩张时，必然会带来大量非精英用户加入，这样也稀释了平台的精英属性，从而迫使核心用户逐渐离去。这些平台的核心用户又带走了大量的社群普通用户。最终社区就会这样一步步丧失生命力，走向衰落。这个轮回在各个社区不断上演。

企业管理，就是运营一支团队、一群员工、一个群体。要激活群体，除了规则、连接、碰撞等之外，还有两点：一是早期成员的选择，二是主题的设置。这两点可以说是相辅相成的，它们共同决定了群体的风格，也就是社群的气质。现在风险投资机构，更看重人而不是项目，尤其看重初始团队，这是经过无数次风险投资实践之后，总结出来的一条朴素经验。雷军在创立小米的时候，就讲过一个广为流传的例子：当年他为了说服一个技术大牛加入小米，前后花了三个多月，反复诚意邀请，最后聊到对方都没精力再这么继续耗下去了，终于答应他一起来创业。这时雷军问他希望拿多少工资和股份，得到的回答是"随便"。因为这两个字，雷军竟然放弃了他。因为雷军觉得，一起创业的初始核心成员，如果没有创业精神，文化上不匹配，将会给公司带来极大的隐患。

第四章

创新机制：众智共享的管理趋势

弱小和无知不是生存的障碍，傲慢才是！

——刘慈欣《三体》

引子：创新，就是在不确定的环境中寻找目标

15世纪中叶，奥斯曼帝国苏丹穆罕默德二世率军攻陷了君士坦丁堡，存在了1 000多年的东罗马帝国正式宣告灭亡，从此，奥斯曼帝国成为横跨亚欧的大帝国。但是这个强盛的帝国却采取了隔绝亚欧的政策，陆上原有的"丝绸之路"被切断，而迫切需要丝绸、茶叶、瓷器、香料等物品的欧洲各国，便不得不去海上寻找通往亚洲的新航线。

当时，人们对世界的认知相当有限，不知道地球是圆的，没有大陆地图，甚至都不知道从哪个方向可以通往亚洲。在茫茫的大海上去寻找一条通往亚洲的新航线，没有什么聪明的办法，只能冒着极大的不确定性到处去探；至于能不能探到，很大程度上就是碰运气。尽管如此，基于找到航线就能带来巨大收益，还是有人加入这场冒险。意大利人哥伦布，就是其中的一员。

哥伦布头脑灵活，早早接受了当时非主流的"地圆说"，并在此基础之上凭借《圣经》和《马可·波罗游记》上的记载，以及自己的推算和想象，规划了一条向西绕过地球去寻找亚洲的新路线。他信心十足，四处游说各国君主，让他们出钱资助自己，然后共同发财。由于当时各国已经在寻找新航线的实践中有了一些积累，在仔细看过哥伦布的方案后，发现这份方案漏洞百出，甚至错得离谱，而且哥伦布胃口还很大，开的条件特别高。因此他们认定哥伦布是个贪婪且不靠谱的骗子，纷纷拒绝了他。

1492年，36岁的哥伦布来到西班牙，找到了伊莎贝拉女王。当时西

班牙比较贫穷,航海事业起步较晚,没什么人懂行。伊莎贝拉女王就更不会懂什么航海和地理了,不过她对找到新航线后的巨大贸易利益很是心动。财迷心窍的伊莎贝拉女王被哥伦布说服了,决定资助他,并且不断给自己的丈夫斐迪南二世吹"枕边风"。两人合计一番之后,答应了哥伦布的条件,并资助了哥伦布3艘帆船和一大笔钱。于是,哥伦布率领一批水手,带着西班牙王室给印度君主和中国皇帝的国书,沿着自己计划的路线,浩浩荡荡地出发了。

哥伦布根本不知道,他所算出的这条航线完全就是一个笑话。他把地球的周长算成了3万千米,而实际上是4万千米;他把日本的经度算成了西经85度,实际上却是东经140度;他计算出向西只需要航行4 500千米就可以到达日本,而实际上要航行2.1万千米。当时的帆船航海距离极限只有5 000千米,这也是为什么别的航海家根本不考虑一直向西去寻找亚洲的原因,因为完全就是一次有去无回的航程。根据哥伦布的推算,从欧洲向西绕地球半圈到印度也正好需要5 000千米,所以他的计划就是一路向西,绕地球半圈,直达印度。

为了鼓舞士气,哥伦布在航行途中还对航行距离做了手脚,搞了真假两套"账"。他的航海日记中,取每天航行距离的一半写在航海日志上,每天真实的航海距离却偷偷写在自己的私密日志中。结果经过两个月的连续航行,他还真的抵达了一片大陆。哥伦布喜出望外,认为自己大功告成,到达了印度。不过让人沮丧的是,这里既没有遍地黄金,也没有什么高大城邦,只有一群嚼着烟叶子的野蛮人。失望透顶的哥伦布只好带了些烟叶子回去向西班牙王室复命,惹得王室震怒。为了稳住西班牙王室,哥伦布又带着人跑了两次"印度",但回来时依然两手空空。

此时,内行的葡萄牙王室所资助的航海家达·伽马已经顺利绕过了非洲好望角，到达了印度。达·伽马从印度带回了大量香料和珠宝，让葡萄牙王室大发横财。西班牙王室意识到哥伦布可能是骗了他们，于是将他投进了监狱。哥伦布在狱中不停地为自己申诉，声称自己顺利完成了任务，成功到达了印度，不该被冤枉坐牢。

这时，意大利的另外一位航海家亚美利哥觉得哥伦布的航程很蹊跷，于是沿着哥伦布的航线跑了一趟，也来到了哥伦布到达的所谓的"印度"。在对一段海岸线进行了测绘之后，亚美利哥发现，这个地方根本就不是印度，而是一片此前从来没人知道的新大陆。亚美利哥非常震惊，他用自己的名字将这块新大陆命名为 America。

西班牙王室闻讯之后，大感震惊，把哥伦布从狱中放出来，让他再去跑一趟，搞清楚自己去的地方到底是哪儿。结果哥伦布第四次到达新大陆之后，刚上岸就被当地人赶走了。

灰头土脸的哥伦布回到西班牙之后，遇到了前来找他的亚美利哥。亚美利哥告诉他，你找到的地方真的是一块新大陆。但是哥伦布重新按照自己的思路推算了一遍之后，仍然坚持说自己找到的应该就是印度。甚至到他1506年去世前，他仍然坚信自己是到达了印度。因此可以说，哥伦布的任务其实是失败的。

对于西班牙王室来说，哥伦布发现的新大陆最初没有任何价值，投资哥伦布应该算是一次重大的失败。但是等到哥伦布死了13年之后，西班牙的探险者发现了南美洲的阿兹特克帝国，那里藏有巨量的黄金。西班牙人很快征服了阿兹特克人，把他们的黄金全部掳走。西班牙王国自此一飞冲天，和之前就发了财的邻居葡萄牙一起称霸天下，宰割全球。

回溯这段历史，我们会发现，哥伦布发现新大陆完全就是一个"误打误撞"的过程，即根据错误的信息，用了错误的计算，达到了一个错误的地方。但是最后不管是哥伦布还是西班牙，都获得了比之前更加宏伟的目标，甚至整个人类的发展进程和世界格局都因为这个历史大事件而发生了重大改变。从这个意义上来说，哥伦布居功至伟，名垂青史。

这个故事在以前，仅仅是一个"错中错"加"撞大运"的故事，但是放到今天来说，却别有启发。因为今天我们所面临的环境和哥伦布当时面临的情况非常相似：传统的模式并未失效，正如葡萄牙人用"正确"的方式到达了亚洲，实现了目标；而全新的领域也不断被开发出来，就像那不为人知的"新大陆"，等待着人们去发现一样。

比哥伦布面临的情况更加复杂的是，我们并没有一个确定的地球去探索，这个未知的领域完全靠我们自己去拓展——环境完全不确定；我们不仅不知道那块"新大陆"在哪里，也不知道它应该是什么样子，甚至连它是不是真的存在都不知道，完全凭我们去创造——目标也不确定。只有一点可以确定，"新大陆"一定不在我们已有的地图之上。想要找到它，必须使用全新的方法。

在不确定的环境中寻找目标，这就是我们今天必须要面对的现实。在市场剧变的环境中，有远大目标或者生存危机的公司，纷纷带着各自未经验证的"方案"扬帆出海了。从大的方面来看，这些探索新航线的公司就像一个向四面八方出击的群体，只要不停止探索，就一定会有公司率先替大家找到"新大陆"，为自己赢得主动权。从小的方面来看，如果想要在这场竞赛中拔得头筹，打造一个类似于大群体那样四面出击、对环境变化快速反馈的自组织，一定会比只派出一支小分队和单纯依靠运气要高效得多。但是，整个创新的前提是，不能停留在想的层面，而是要先动起来。

第一节
管理，必须能够促进创新

一、要创新就必须颠覆自己的固有模式

管理与创新，一直是企业最重要的两大主题。从某个层面上来讲，管理与创新是一种非常微妙的关系，它们就像是坐在跷跷板的两头，你升我降，此消彼长。因为管理的目的在于增加公司的掌控力，不管是对于内部组织还是外部市场，管理主要就是总结以往的经验，并将这种经验规则化。创新的目的则是拓展新的空间，这就意味着企业要突破原有经验的边界，将自己置身于不确定的环境之中。

有一个故事：老师在杯子里装了几块大石头，然后问学生："杯子装满了没有？"学生说："装满了。"老师又往里面加进了很多沙子，再问学生："这回装满了没有？"学生回答："这回真的装满了。"老师竟然又往杯子里面倒进了很多水。这则故事以前总被人用来说明不要自满，总会有进步的空间。但其实这个故事也向我们形象地展示了一个企业的发展历程。

在发展过程中，一家企业最初的野蛮生长阶段是开疆拓土，向创新领域的市场要效益。公司的全部心思都会花在如何让这种创新的利益最大化，比如如何去宣传营销、开拓市场。这个过程就相当于往杯子里装石头。随着企业的成熟，尤其是市场的饱和，这个时候就必须向管理要效益。因此，企业就必须开始精细化管理，要规范流程、提高效率、降

低成本，要在每一个点上去规避风险、开源节流。这个过程就像是在往杯子里装沙子和倒水。

精细化管理是有天花板的，且天花板并不高。你可以在石头缝里放进很多沙子，然后在沙子里面注入一些水。但是再怎么精细化，杯子的容量是固定的，越到后面，杯子里所剩的空间就越小。水装得越满，杯子就越不能动，稍微一动水就溢出来了。所以，在一家管理已经很成熟的公司里，管理的"边际效应"就已经很低了，过度的管理甚至还会起到反作用。有很多公司后来做绩效考核管理的时候，投入了大量的时间、精力及其他各项成本，最后这些成本比从考核中拿到的绩效还要高。更为致命的是，过度管理还会让公司渐趋僵化，失去活力，而这对于公司来说，是一件非常危险的事情。就像装满水的杯子经不起摇晃一样，僵化的公司也经不起外部环境的变化。此时，公司必须寻求创新，但创新就必须突破自己现有的管理体制。

创新本身，相当于重新换一个"杯子"，而且这个杯子可能会比原来的杯子大，这就是我们为什么必须颠覆自己的固有模式，忍受不适以及冒着风险去创新。

关于如何管理创新，凯文·凯利在《失控：机器、社会与经济的新生物学》一书中给我们提出几点建议：①别去控制别人，②连接才是王道，③什么都要先跑起来，④要成为专业人才，⑤胜者通吃，⑥边界最精彩，⑦你要活得更像人。

二、管理是一种帮助和促进创新的行为

随着市场与社会环境变化的加速，管理与创新这个跷跷板上下起伏越来越大，越来越快。很多公司还没来得及进入精细化管理的阶段，就

已经在市场中被淘汰或者进入新一轮的创业之中了。实际上，如果一个公司能保持创新的话，那它的效益会比管理带来的效益大得多。因此，今天很多的公司，尤其是互联网公司，他们对创新比对管理更感兴趣，希望永远停留在创业阶段，总是把自己当作一家创业公司来经营。这就是为什么很多创业公司的管理看起来随意粗放，却一直高速成长的原因。

在这类公司里，管理的含义变了。它不再是一种单纯的总结以往经营经验并做出规范的行为，而是一种帮助和促进创新的行为。传统降本增效的管理，是让公司从"1"到"N"；促进创新的管理，是让公司从"0"到"1"。这两种范畴内的管理，从目的到手段，完全不一样。明白了自己公司的目标，才好确认自己是想要哪一种管理。

传统降本增效的管理，已经有太多的经验和成果，我们要探讨的是促进创新的管理，也就是如何做好一项需要不断去突破管理的工作。当我们认同了"创新就必须不断突破管理"这个观念之后，我们就会打破所有的固有观念，看问题的格局与境界就会大不一样。

企业管理与经济一样，都在"混沌学"的范畴之内，内外部的参与要素是无穷的，而且全部是变量，几乎无法控制。对主要变量的把控，确实能大概率得出一个近似的结果，但永远不要期待能得到一个精确的结果。更无奈的是，随着社会"连接"的加强，"蝴蝶效应"不断强化，失控的概率正在飞速提高。因此，我们要避免任何形式的"迷信"和"固执"，要创造更多连接，激发群体智慧，打造自组织。

三、打破控制式管理，容忍一定程度的"冗余"

从管理上来讲，首先就是要打破控制式的管理，容忍一定程度的"冗余"。我们在上一章也提到过，分布式中心结构的缺点，就是冗余和非最优。除了《失控：机器、社会与经济的新生物学》一书，《反脆弱》一书也经常提到这个概念。所谓"冗余"，就是备份，就是无用功，在"创新"没有出现之前，就是浪费。对于传统管理来说，这绝对是应该尽量避免的。但如果要创新，就必须要接受这种"冗余"。

比如技术研发，这不仅是一件很"烧钱"的事情，而且还相当冒风险，很可能时间和金钱全部搭进去了，但是什么结果都没有。因此，在成果出来之前，所有技术研发的投入都可以看作是"浪费"。最典型的例子就是各国政府在"可控核聚变"这个项目上的投入。

"可控核聚变"被誉为世界四大科学难题之一，只要成功攻克了这个难题，人类就可以拥有取之不尽、用之不竭的清洁能源。核聚变的原理早在1920年就提出来了，而且这个理论在1939年就被美国科学家实验验证成功，并且基于这个原理研发的氢弹也都获得了成功。不过，目前的核聚变只能爆炸，而不可控。当初乐观估计，大概25年之后应该可以成功实现"可控核聚变"了，人类也就"安逸"了。此后，全世界有雄心的国家都先后加入这项研究之中。2007年，全世界所有的"可控核聚变"研究机构联合起来，搞了一个ITER（国际热核聚变实验堆）的组织。迄今为止，ITER计划已经成为全球规模最大、经费投入最多、影响最深远的重大国际科学工程了，而且还组织了世界顶尖的科学家，倾尽心血进行实验研究。现在最乐观的预计，大概还需要25年才能实现。所以科学界流传着一个笑话，那就是"可控核聚变"离成功永远都有25年。当这个"永远的25年"没有被跨越时，之前那么多国家花费的那么多钱，那么多科学家耗费的那么多心血，就完全是浪费。但是，那些有远见和雄心的国家，都不会放弃继续投入。同样，那些有远见和雄心的公司，也不会放弃技术研发——虽然研发是一种风险很高的行为，但这是必须要承担的风险。

华为每年将自己 10%以上的收入都投入科技研发中，每年都有几百亿元。有关机构的研究结果认为，华为 2018 年在研发上的投入已经超过苹果。除了华为，联想在创立之初曾有过"技工贸"和"贸工技"的路线之争，最后是柳传志的"贸工技"路线占据了优势，并且凭借这一路线带领联想迅速发展，成为世界级的计算机巨头。但是，成功后的联想并没有像华为那样重视技术研发。作为曾经比华为体量大十几倍的联想，它十年的研发投入还不如华为一年的研发投入多。在这一点上，联想经常被人诟病。近几年，联想业绩下滑甚至巨亏的消息不断传出，就是因为原有的计算机市场饱和，而它又没有技术创新去支撑自己开拓新市场和新领域。

传统上，很多人还是把技术创新当作一种风险投资。如果说现在把它定义为"冗余"，可能还有点让人难以接受。那么拿腾讯的内部赛马机制来举例，或许就更贴切了。

2011 年，小米刚刚推出"米聊"不到一个月，腾讯内部已经有好几个团队在申请开发同类产品。其中，综合条件最好的应该是手机 QQ 团队。按照一般的思路，肯定是应该选取其中一支团队来做这个产品，否则就是极大的资源浪费。但是，马化腾竟然还真就这么"浪费"，3 支团队的申请他全部批准了，同意他们按照各自的思路同时进行开发，内部赛马，自由竞争。最终，起初并不被看好的张小龙团队胜出，他们开发的微信 App，以良好的用户体验迅速赢得了用户，占领了市场；而在微信之前，腾讯在移动互联网到来之前的那段时间，已略显颓势。除了核心产品 QQ 之外，其重金打造的腾讯微博，在和新浪微博的竞争中节节败退，搜搜的市场份额始终上不去，拍拍对抗淘宝更是完全处于下风。正是微信的横空出世，才为腾讯赢得了一张移动互联网的船票，从此在移动互联网时代占尽先机。如果不是马化腾的这次鼓励冗余的行为，我们很难想象今天的腾讯会是什么样子。

鼓励适当"冗余"的另外一个重要的方面，在于容忍一定程度的错误和失败。创新不是考试，有没有正确答案没人知道，连考题都不一定是"正确"的。在创新确认成功之前，全部是错误和失败。对于创新，我们要在理智上承认一切假设都是错的。我们所做的，只不过是把错误的方案都挑出来，留下与目前条件、环境与理想最相符的方案。这就是我们在第一章中所说的"试错"。

日本企业近年来在互联网方面表现平平，少有建树，虽然有各种各样的原因，但是其中一个内在原因，就是日本企业的管理制度和管理风格有逐步僵化的趋势。在日本企业，当遇到需要改进的地方时，员工自己是不敢做主的，而是会用委婉的方式报告给上司。上司也大多不能自作主张，而是继续打报告给社长。社长大多已经不是第一代的创业者，而是战战兢兢、如履薄冰的守业者。他们的想法不是带领企业再上新台阶，而是保住已有成果，企业千万不要在自己的手上出现任何问题。他们的想法往往是：既然这个问题之前一直存在，也没有造成什么严重后果，那么倒不如不改，以免改了之后会出现什么问题。最终，这个问题或者创新点就这么不了了之了。

日本企业的终身雇佣制度，曾经为日本的经济腾飞起到重要作用。但是如今，却渐渐成为阻碍创新的一根绳索。终身雇佣制度，让跳槽成为一件非常少见的事情；跳槽者也会被另眼相看，很难在大的公司找到新工作。人才不流动，大家"挤"在一家公司干一辈子，能力让位于资历，形成拼资历和等级森严的企业文化。在日本的企业里，一般看一个人的年纪，大概就能推测出这个人的收入水平。这些"熬"出资历的中年人，上有老下有小，成功跳槽的可能性极低，他们最怕的就是不稳定。他们本身又是这种资历文化的受益者，更会本能地维护这一制度，尽量阻碍变革创新，甚至有意无意地剥夺年轻人创新立功的机会。年轻人收入低,不能靠创新来获得晋升,小心翼翼地熬资历才是职场的"正途",不敢"惹是生非",很快失去创新的魄力和勇气。所以,日本这种"不求有功、但求无过"的心态非常严重,越是大企业越严重。

不仅是日本企业,整个日本社会对失败都相当不宽容。人们最关注的不是创新,而是失败。失败者得到的往往不是同情和鼓励,而是嘲笑和谴责。成功带来的成就感远抵不上失败带来的耻辱感。

在互联网时代的中国,互联网企业都在提倡微创新,随时倾听客户声音,软件每周都会升级更新,不断改善用户体验。其中绝大部分的创新,慢慢会被验证是失败的,但是由于我们经常更新,慢慢就会找到最合适的方式。日本互联网企业这种保守的风格和僵化的体制,完全不适应这个竞争环境。与之相反,在中国,创新失败、创业失败被视为一种完全正常的现象。那些不断创业却不断失败的创业者,不会被讥笑为"常败将军",而是被称为"连续创业者",会得到同行和投资人一份格外的敬重。这种允许犯错和失败的观念,就是在鼓励适度冗余。这也是中国互联网企业弯道超车、甩开日欧、直追美国的重要文化因素之一。

允许适度冗余,体现在公司的方方面面。比如说,为员工增添一些福利待遇,在团队成员身上投入精力和情感,为未来储备一些人才。这些事情,你可以做也可以不做,做了也并不一定会带来收益,但会增强组织的弹性和抗风险的能力。但如果你只以某个僵硬指标为依据,比如绩效或者财务数字,把它们做到极致,那就会让组织僵化甚至失去弹性。

允许适度冗余,严格来说,并不是一种方法论,而是一种管理观,是一种突破传统管理思想局限的管理观。与此类似的理论,还包括华为任正非主张的"灰度"理论。关于什么是"灰度",任正非有过这样的表述:"领导人最重要的素质是把握方向和节奏,他个人的能力水准就是合适的灰度。在执行战略的过程中，应有灰度、妥协与宽容。一个清晰的方向，是在混沌中产生的，是从灰色中脱颖而出的；方向是随时间与空间而变的，它常常又会变得不清晰。所以，方向也不是非白即黑、非此即彼的。合理地掌握合适的灰度，是使各种影响发展的要素，在一段时间里变得和谐，这种和谐的过程叫妥协，这种和谐的结果叫作"灰度。"

总之，不管是"冗余"也好，"灰度"也罢，都是打破精准和机械化的管理，允许一定的弹性。不是精准和机械化管理不好，而是这种管理对创新来说比较有害。假如一家公司更加倚重创新而非传统的生产效率来实现发展，那么这样的公司就应该容许甚至鼓励适度的冗余，在管理和战略上，都要留有一定的灰度，从而探索更多的可能。

与此同时，我们也要看到，创新是一件成本较高的事情。能持续创新的公司，大多数是不缺钱的公司。他们通过高成本的管理来激发创新，又通过创新的高收益来维持高成本的管理，推动这样一个正向的循环。初创公司和小微公司也不必惊慌，高成本是一个相对的说法，是相对于传统管理模式来说成本较高，而不是一个绝对的数字；同时，成本也不仅仅体现在资金上，更多体现在精力、智力和耐力上。

总之，推动创新的管理，需要我们不断与管理者的本能做斗争。在我们的思维习惯里，管理就意味着掌控、指挥。促进创新的管理，你必须克服这种本能，将自己完全交出去，促进群体涌现出智慧。这就类似于一位小说家在创作小说的时候，他小说中的人物慢慢有了自己的主观意愿，和作家最初的构想渐行渐远。这个时候，那些优秀的作家，往往会向这种趋势妥协，让小说按照它自身的逻辑与冲动去发展。

接下来，我们将继续从组织结构、管理手段和企业文化三个大的层面来探讨如何通过加强"连接""碰撞""独立"这三要素，来激活群体智慧，打造自组织。

第二节
开放式自组织，让群体更为方便地涌现出智慧

一、从华为管理思想看如何增加组织的负熵

自从任正非将热力学第二定律引入管理学中后，"熵"就成为华为管理思想的精髓。"熵"本来是一个热力学的概念，以艰深难解而著称，但同时它在很多领域都具有解释力，对我们认知世界非常具有启发性。因此，它又被广泛引入很多其他学科之中，比如信息论、经济学、哲学、社会学等，在不同的领域，熵的含义各有不同或侧重。

要解释好"熵"这个概念，不管对谁来说都是一个不小的挑战。为此，笔者参考了大量的资料，并在请教了一些专家之后，试着做了如下解释。

根据能量守恒定律，一种能量转化为另一种能量（比如电能转化成光能，动能转化成电能，化学能转化成热能，等等），它的值是保持不变的。但是在现实之中，无论技术怎么提高，这种能量转化的过程中总是会有一定的能量以各种形式损耗掉。比如机械运动中，总有一些动能会因摩擦生热而变成热能损耗掉；用火力来发电的时候，不管怎么高效利用热能，总还是有一些热能会因传导或者辐射出去而损耗掉；电能在传输的过程中，不管采用什么先进的技术，总有一部分电能会因为电阻而损耗掉。这些损耗掉的能量就是熵。既然每一次能量转化与传递，都会有一部分的能量损耗掉，变成无效的能量，那么在一个封闭的系统中，

能量永远会是一点点损耗的，因此这个系统的熵总是在慢慢地增加，系统永远会朝着更加混乱无序的方向发展，这就是熵增原理。熵增原理认为，在自然过程中，一个孤立系统的总混乱度（即熵）不会减小。按照熵增原理，我们的宇宙就是一个封闭的系统，总能量是固定的。随着宇宙的运动，熵会不断地增加，能量最终都会变成熵。也就是说，宇宙会慢慢失去活性，变成一片死寂。

因为熵所代表的无效的能量，是一种四处散逸的、混乱的能量，因此熵又成为系统中混乱无序程度的一种度量。系统越有序，熵的值就越低；系统越混乱无序，熵的值就越高。比如，我们将一块糖放进一杯清水里面，这块糖就开始在水中慢慢地融化扩散，糖在不断扩散中变得更加混乱无序，也就是这杯糖水的熵在不断增加。当糖块完全融化扩散，无法再进一步扩散的时候，它作为一块糖的混乱无序程度就达到了最大值，这杯糖水也到达了最大熵。

现实中，我们可以看到很多熵并没有增加，反而会变小的例子。最典型的一个例子就是生命。一具没有生命的躯体放在野外，它会慢慢地腐烂分解，不断朝着混乱无序发展；但是一个活着的生命能由小变大，不断生长，变得更加有序。也就是说，生命体看起来是违背熵增原理的。这是为什么呢？

因为生命体不是一个孤立的系统，而是在不断地与外界交换能量。如果把一个生命体孤立起来，不让它与外界交换能量，那么它的熵会不断增加，它也很快会死亡。就好像把一个生命体放进一个真空的盒子里面，它不能通过呼吸和进食来从外界汲取营养，那么它很快就会死亡；而现实中的生命体，就是不断通过光合作用、呼吸、进食等方式，从自然界中汲取能量，从而不断让自己变得更加有序。

所以，熵增原理有这样的推论：如果要让一个系统变得更有序，就必须有外部能量的输入。就好像一辆旧了、损坏了的共享单车,想要它继续为人服务,就必须有人来保养和维修。要保养和维修一辆单车最少需要15分钟,但保养维修人员为这辆单车付出的时间一定会比15分钟多,因为他准备工具需要花费时间,他上下班的路上需要花费时间,甚至他学习维修车辆的技能也需要花费时间。

这就是说,如果要让一个系统变得更加有序,另外一个系统就必须变得更加无序,而且另外一个系统无序增加的程度会超过这个系统更有序的程度。也就是说,一个系统要维持运行,它本身就要不断耗散能量;而如果要让这个系统发展壮大,那就要从外界汲取更多的能量。这样一个能维持自身运行发展负熵的组织,就是一个耗散组织。

美国影片《复仇者联盟3》里面,大反派"灭霸"要消灭宇宙中一半的生命,以平衡宇宙能量、延迟宇宙死亡的做法,其理论基础正是来源于熵。宇宙本身就在因为熵增而慢慢走向死亡,而当宇宙中的生命(耗散组织)越来越多的时候,这些生命通过能量的耗散实现自己负熵的同时,会加速整个宇宙的熵增,让宇宙提前走向死亡。

对于一个企业来说,如果这家企业需要维持运行,想让它像一个生命体那样生长发展,那么它就需要不断地与外界进行能量的交换,并增加外界的熵。这里的能量交换,既包括物质层面的金钱、设备与物资等,也包括精神层面的信息、技术、智慧。当然,核心是人才。以上这些,都需要不断从外界吸收能量,不断与外界交换信息。企业或者个人,一旦不与外界进行信息与能量的吸收与交换,故步自封,就会出现熵增,渐渐懒散堕落,陷入"死寂"。

任正非正是基于这样一种理念来指导华为的发展,才让华为在很多经营管理理念上显得与众不同、别具一格。其中一个比较典型的例子,是华为对于"自主创新"的理解。在绝大部分企业的经营理念里,自主创新是一个非常积极的目标。但是，任正非并不主张自主创新，因为自主创新这个概念带有封闭的倾向。任正非主张的是"耗散结构"，是一个开放的组织。

任正非在接受媒体采访，谈到自主创新的时候，明确表示："我从来不支持'自主创新'这个词，我认为，科学技术是人类共同的财富，我们一定要踏在前人的肩膀上前进，这样才能缩短我们进入世界领先行列的进程。什么都要自己做，除了农民，其他人不应该有这种想法。自主创新若是精神层面我是支持的。也就是说，别人已经创新，我们要尊重别人的知识产权，得到别人的许可，付钱就行。如果我们重做一遍，做完一遍，也要得到许可，还是要付钱，这是法律。当然科学家都是自主创新的，我指的是我们这种公司的工程创新。"

在人力资源方面，华为不像一般的公司那样强调组织稳定，而是更强调"能进能出"，要能让优秀的人才不断进来，让落伍的人才出去。他最害怕的就是企业因为经营业务的稳定，人员结构的稳定，最后走向封闭僵化，懒散堕落。因此，华为极端强调"以奋斗者为本"，不断用企业文化和管理制度来鞭策员工，让员工保持学习和奋斗的精神，促进企业的负熵。

华为在很多方面都体现出了很高的开放性，尤其是在他们的主营业务上。这种开放，首先是全球化的视野，不拘一格用人才。华为目前的员工人数约为 18 万人，科研人员占到 45%，其中海外员工约 4 万人，本地化率为 75%，即外国员工约 3 万人。因此可以说，华为是在全球范围内进行能量交换。我们都知道华为目前是公认的 5G 技术领先者，而华为 5G 技术的关键人物，竟然是一位土耳其科学家。

任正非在谈到华为科研的时候，非常强调基础研究。他说："我们至少有 700 名数学家、800 多名物理学家、120 多名化学家、六七千名基础研究的专家、6万多名各种高级工程师、工程师，形成这种科研组合。"华为还与众多高校联手进行基础科学的合作，并且花了大笔的钱。这些钱投出去，并不一定能产生效益。任正非也看得开，说"即使没结果，也没什么，就当是给社会培养了人才，总是要与社会进行交流的"。

可以说华为的管理具有独特的风格与理念，与"熵"这个概念密不可分。熵对华为最大的影响，就是塑造了华为更为开放的经营管理思路，使得华为在创新方面表现突出。这种开放的经营思路，不仅指导了华为的创新，也在很多其他创新的公司身上得到了验证。

二、社会化智慧共享模式：我不认识你，但我在用你的智慧

创新是一件成本非常高的事情。如果要创新，除非你的公司足够大、足够强，否则你的公司就应在各个层面上增加开放性，尽可能地增加与外界的信息与智慧的交流，从外界吸收智慧。

实际上，已经有很多公司都在通过一种更加开放的方式来实现创新。有一个经典的商业案例：来自美国的一家制药公司，它主营的旧药专利已经快要过期了，急需开发一款新的主打药品。为此，公司组建了一支由数十位博士组成的研发团队，耗时几年，前后花了近10亿美元，还是迟迟未能取得突破。眼看着旧药专利过期时间越来越近，无奈之下，公司悬赏10万美元向全球征集新药解决方案。结果，就依靠这区区10万美元，还真的把这个难题给解决了。这家公司的做法，就是增加企业的开放性，向全社会、全世界借用智慧。

前几年大火的中国新锐白酒公司"江小白"，在年轻人渐渐不喝白酒的大趋势下，竟然依靠"走心"的文案重新撬动了这一市场。他们用直

击年轻人心灵的各种金句和广告语，重新燃起年轻人喝白酒的兴趣。为此，"江小白"公司组建了上百人的文案团队，坐满了三层办公楼，他们每天冥思苦想，怎么来号召年轻人喝白酒。这种方式初期收到了奇效，让"江小白"一时风头无二。但是，这种模式也有个弊病，那就是一条文案所能引起共鸣的群体的数量是有限的，所能引起群体共鸣的次数和时间也是有限的。所以，该公司必须不停地去创作文案，击中更多的年轻人，以及多次击中年轻人。既然是"走心"，那就不能用套路；既然不能用套路，那就只能用灵感和智慧。文案再多也可能不够用，因为每个文案的智慧和灵感，最终还是会慢慢枯竭的。

为此，"江小白"使用了"表达瓶"这一新玩法，即消费者通过扫描酒瓶上的二维码，把自己的照片和心里话写上去，"江小白"公司会为他定制一个专属瓶。这样，"江小白"的文案，就不再是别人的文案来击中你的心，而是你来感动你自己。"江小白"还会在这些文案中挑选和寻找灵感，并将其上传到网上供大家票选。文案一旦被选中，或者是一旦得票数很高，会作为"江小白"的正式产品文案进行批量生产；而该文案的作者，也会得到一定的实物奖励。"江小白"就用这么一个参与感很强的活动，借用了全社会年轻人的智慧。

这种模式就是社会化智慧共享模式：我不认识你，但是我在用你的智慧。维基百科，最初是组织专家来编撰的，结果耗时耗力但效果甚微。之后公司遵循涌现的原理，只设置编写百科词条的规则，而将编写的权力开放给所有人。最后，依靠集体的智慧，反而打造出在世界上都具有权威的百科全书。

三、避免熵增，由传统的组织结构转向平台型组织结构

企业一旦封闭，就意味着熵增。为了避免熵增，公司目前发展的一个重要趋势就是由封闭转向开放，由传统的组织结构转向平台型组织结构，从而实现组织平台化。中国目前电商排名前两位的分别是阿里巴巴和京东：京东做自营，自采自销，严格管控；阿里巴巴做平台，在它制定的规则下，谁都可以来做生意，让消费者用自己手中的选择权来给商家打分，实施自然界进化般的优胜劣汰。从最近几年的数据来看，京东的发展速度已经明显变慢，规模也始终上不去。这其中原因可能是多种多样的，但就笔者个人观点来看，本质上就是模式的差别。在一个参与者众多，且自由开放、竞争充分的市场中，一家企业肯定是干不过一家平台的。因为平台的开放性决定了它能创造更多的连接，能获得更多的创新，而且这些创新还不用花自己的金钱和智慧。平台的这种能量一定是大于一家企业的。其实，京东也在主营的基础上搭建平台，邀请各商家入驻，可惜晚了一步，在一个市场中，企业可以有千万家，但是平台往往只需要一家就够用了。如果一个市场里面有很多家平台，只能说明，那个可以将所有平台统合起来的平台还没胜出。

如果一个行业的平台建立起来了，别人就很难用一家企业的模式去和它竞争；而平台与平台之间的竞争，后来者也往往没有什么优势。不过，企业还是可以将自己从组织上进行平台化变革。也就是说，企业并不一定要在业务上变成一家行业平台，而是可以从组织上变成一家平台型公司，尽量去扩大企业的外延，增进智慧的共享。

在这方面，海尔探索出了成功的范式。海尔的"企业平台化""用户个性化""员工创客化"已经成为管理学研究的一大经典范例，吸引了很多管理学学者。《海尔转型：人人都是 CEO》这本书，就为我们详细描

述了海尔是如何通过组织变革，将自己打造成为一家平台型公司的。它没有触碰工具层面，但将其中的逻辑讲得非常明白。作者勾画出一张非常漂亮的模式图，他认为，海尔的管理模式可以从三个维度进行解读。其一，管理体系维度，包括：①顾客价值（单），②自主经营体（人），③日清体系（行），④闭环优化（酬）。其二，管理平台维度，包括：⑤全员管理会计，⑥交互与协同创新，⑦管理无领导，⑧两创文化。其三，管理哲学维度，包括：⑨经营人。全书的章节也依此展开。真正精彩的地方在于，这9个要素之间的相互勾连。例如，①和②之间的关系是"人单合一"，①和③之间的关系是"知行合一"，②和④之间的关系是"人酬合一"，③和④之间的关系是"闭环优化"。更为复杂的是管理体系与管理平台、管理哲学之间的内部自给。

事实上，张瑞敏正在将海尔打造成为一个家电创业经营的平台，创业者共享平台的资源，海尔共享平台上的所有智慧。海尔还将触角伸向消费者，让消费者参与到产品研发之中。海尔从建立行业平台开始，然后逐渐扩大企业外延，最后进入社会化大平台的层面。

组织一旦平台化，就具有了双重属性。组织本来的属性价值不如平台的属性价值，这体现了众智共享的力量。比如，现在很多新闻媒体，其价值可能不如平台。具有代表性的是网易新闻，作为一家新闻门户网站，它最大的看点不是新闻，而是其网友的评论。视频网站也是一样的，同样的一个视频，很多人更喜欢在哔哩哔哩上看。为什么呢？因为哔哩哔哩的视频上有大量有趣的弹幕。这些弹幕，可以说是受众参与观看的智慧沉淀。

开放式自组织，让更多的人都可以参与，增加组织的负熵，产生生命力。开放式组织只有简单规则，没有过多的限制，从而让群体更为方便地涌现出智慧。组织越开放，越能共享更多的智慧，创新就会越多。市场和企业领导者，渐渐演变成为组织的"外部环境"，组织本身通过对市场和领导者这些"外部环境"进行反馈来获得成长，也就是自组织。

第三节
打造自组织，实现众智共享

一、从连接、碰撞、独立入手，打造智慧涌现的自组织

我们在前面曾经讨论过企业要建立"中心化"和"发布式"两套系统，也就是在企业传统的中心式组织之外，再打造一个分布式组织，即社群。当社群成员按照规则而不是权力自动运行时，这个社群就是一个自组织。打造这样的一个社群要注意几个关键点：一是建立社群规则，创造更多的连接，加快信息的流动与碰撞，涌现更多的智慧，更快地做出反应；二是早期选择更加符合社群气质的成员，让社群产生平台价值；三是设置好社群的主题，让社群围绕主题而不是权力进行碰撞。那么，如何在企业经营管理实践中，从智慧涌现的三个条件即连接、碰撞、独立入手，打造一个智慧涌现的自组织？

在员工人数较多的大型企业里，按理来说，应该可以建立更多的连接。但与此相悖的是，在大型企业里，为了便于管理，往往层级较多、分工专业。层级和分工，能帮助管理者明确权责，减轻管理负担，以便高效执行。但是，层级多，就会阻碍人们之间信息的连接。从某个角度来讲，权力的本质，就是信息的占有。每个管理者为了维护自己的权力，都在某种程度上进行了信息的垄断。

创新公司的一大特点，就是管理的扁平化，尽可能减少层级。层级减少之后，管理者的管理幅度加大，这样信息在传递中的损耗就会减少。

更重要的是，扁平化管理会带来层级的减少，加强人们之间的思想碰撞。在层级比较多的组织里，往往是同一个层级的人之间拥有比较平等的话语权；而在扁平化管理的企业里，层级变得不明显，大家沟通的障碍会减少很多。

小米在创立之后的很长一段时间里，一直倡导扁平化管理。在小米风头正健的时候，它的组织架构仅有三层：联合创始人、部门负责人、员工。他们上班不打卡，不设 KPI，崇尚极简管理。美国互联网巨头 Facebook 的创始人扎克伯格和很多高级管理者都没有自己独立的办公室，他们就坐在普通的员工工位上。这种形式开始被很多互联网企业借鉴，他们就是想要管理者离员工更近一点儿，成员之间更加平等一些。

在扁平化的同时，还要创造更多的机会，让信息在节点之间流动起来，增加碰撞。这一点在人多的企业里，要实现起来其实很有难度。因为公司人数不是关键，关键的是有效的连接节点有多少；而在大公司里，员工数量比较多的时候，人际压力往往也比较大，人们的心理和精力决定了大家更倾向于在一个舒适的小圈子里面交际和交流，而这又不利于公司的创新。为此，很多企业花费了相当多的心思来进行调整。

《创新公司：皮克斯的启示》一书，就为我们详细介绍了皮克斯是如何通过扁平化管理创造更多的节点和碰撞机会，从而保障公司持续不断地涌现创意。

作为一家顶级的动画影视公司，皮克斯制作了大量叫好又叫座的作品，并且以其强大的创新和精彩的创意而著称。制作一部创意作品，可能有运气的成分，但能持续地产出高质量的创意作品，就一定有其管理方面的原因了。

皮克斯管理层一直很清楚公司的核心竞争力就是创新，因此一直致力于寻找激发创新的方法和机制。他们的理念就是，提供一片能让创意大量生长的沃土，即让每个具有创意的人能够轻松、畅快地交流和碰撞，以激发更多和更好的创意。因此，皮克斯竟然没有设立创意总监的职位，而是让所有具有创意的人都能自由发挥，自由讨论，甚至自己做主。

不同于迪士尼由核心高层点评的模式，皮克斯采取了创意智囊团反馈的模式。智囊团的成员不是以职位高低来选择的，而是由最会讲故事和最懂得电影制作的人组成。甚至在乔布斯当总裁的那段时间里，公司明确将性格霸道的乔布斯排除在智囊团之外，不允许他参加智囊团的评审会。智囊团对作品的讨论，不允许使用空泛的评价式语言，而是要提出建设性的意见，具体到角色的性格矛盾、行为动机等。关键的是，智囊团给出的意见，只供创作团队参考，采纳与否还是由创作团队自己决定。

除了智囊团机制，皮克斯还设置了审片会、事后讨论会、点评日等各种有效的反馈机制，不断鼓励大家说话，说真话。这样做的目的就是让大家不是围绕着上级的认可而发声，而是每个人都能放松、大胆地交流自己的想法，激发更多的创意。

皮克斯著名的企业文化就是在创作领域，摒弃了层级制度，甚至没有"上下级"的概念。皮克斯的一位导演就说："皮克斯是一个独一无二的地方，这里没有'中层''部门''领导'这些词汇。"

这些措施充分满足了连接、碰撞和独立这几个条件，让皮克斯的创意得到了最大可能的发挥，而不是被权力所扼杀。皮克斯很多管理制度，后来被迪士尼所采用。

皮克斯的这种管理模式，不一定适合别的企业，但是对于那些想要有所创新的企业来说，还是很有借鉴价值的。比如，在传统之外，打造一些例如"点评日"等可以自由平等发声交流的机会，还是可以实现的。

有的公司为了加强员工之间的交流和碰撞，甚至会通过一些别出心裁的设计来创造这种机会。比如，比较知名的麻省理工学院20号楼，原本是为美国军方的一个雷达实验室项目而临时建造的，准备在项目结束之后就停止使用。由于设计与建造时间仓促，再加上保密、临时变动等各种原因，这幢大楼设计得比较混乱，人们很容易在里面迷路，一不小心就闯进了别人的办公室，或者听到了其他的讲座。不过这种混乱的局面反倒促进了在里面工作的科学家的交流。原本完全不同学科之间的科研人员，在这种误打误撞之间，慢慢就混熟了，增进了不同学科之间的交流，极大地促进了创新，不断出现各种创新成果，并先后产生了9位诺贝尔奖得主。结果，这栋楼成为麻省理工学院最知名和最受欢迎的一幢办公楼，本来仅作为临时使用的，却沿用了50多年。

无独有偶，乔布斯在设计苹果总部环形大楼的时候，就借鉴了麻省理工20号楼的特点，全开放式的办公室，用餐区和厕所高度集中，大楼中间留下了很多公共空地，这一切都是为了给公司不同部门的员工创造更多接触交流的机会。

在互联网企业里，产品经理和技术开发这两个岗位，天生就有矛盾。在一些小公司里，产品经理往往就是老板。技术开发这个岗位的员工完全没有发言权，就是按照老板的意思去做。这个时候，技术开发一方往往很被动，很多人对此感受很差。在大一点儿的互联网企业，每次创新都会是产品经理和技术开发人员的一次大辩论。这个过程并不愉快，但只要是成熟一点儿的团队，都会奉行"事前尽情争吵，事后严格执行"的原则。因为大家发现，当所有人的声音都发出来之后，最终确定的方案会让项目执行得更加顺畅，更重要的是经过大家争论之后，最终产品也会更加完善。

不同部门之间的交流和碰撞，某种意义上也是一种工作时间上的冗余。因此，管理者就需要克制一下自身的管理冲动，在这种场合中，不再去扮演权威，不再去干涉员工之间的交流。

在一堂企业培训课上，老板和员工坐在一起听讲。为了增强互动，老师习惯性地在课程中提问。本来在这种上课学习的环境下，应该去中心化，成为一个学习的社群，但这位老板在台下不断催促身边的员工起来回答问题。他不停地说："你快起来啊，真笨，上课干嘛去了？"

老板的这种行为，将一个去中心化的社群结构重新拉入了一个中心化结构中。本来是一个交流碰撞的过程，却变成了一个逃避压力的过程。学员都十分紧张，竭力避开与老师的目光交流，避免引起老师的注意。最终，这堂课的现场效果很差，所有的学员都不敢看老师，也不敢接话。大家不仅没有碰撞，甚至连连接都被屏蔽掉了，所有学员笼罩在老板的权威压迫之中。

所以，在创造交流与碰撞的时候，领导者一定要去中心化，让自己退位成一个社群的节点，尽量让社群的中心自动涌现。假如这堂课能让大家暂时忘掉职位身份的限制，很可能会出现一些特别有见地的声音，出现几位表现优秀的学员。这其实也是企业发现人才的机会。

二、建立"中心化"和"分布式"双系统，实现众智共享

传统的管理模式之所以成为传统，也是在长期的经营实践中自发生长出来的，有它不可替代的作用与功能。因此对于大多数企业来说，打造自组织，是一件违反本能的事情，很容易弄巧成拙。如果从组织进化中呈现出的中心化结构与分布式结构双向进化的特性来看，我们的企业今天应该做的是打造两套系统：一套"中心化"系统，一套"分布式"系统。也就是在传统的组织形式之外，再打造一套社群式的组织形式，

开创中心组织和社群组织的双组织逻辑。用中心组织结构执行决策，通过社群逻辑开启创新与智慧。领导者在交流和碰撞的时候，消弭自己的个人权力，成为一个普通的节点，促使智慧的涌现；在智慧涌现出来，到了决议与执行的时候，再将组织拉回到中心结构，督促团队严格执行。

这个双重结构中的社群组织，可以是一个特定的时间、一个特定的场合、一个特定的形式，比如可以是皮克斯那样每月一次的"点评日"，可以是每季度一次的培训课，可以是每周一次的读书会，也可以是每天一次的头脑风暴会，等等。这个时候，你的组织应该真正变成一个没有权力中心，只有主题中心的社群。大家相互连接，相互碰撞，能够独立表达意见和观点，创造智慧涌现的条件。

由于企业中的人员结构是相对稳定的，企业内部社群在很多时候并不能完全实现开放，或者社群虽然开放了但是并不能完全实现与外界充分的能量交换。这个时候，如果要创造"独立"这一条件，还需要在实践中不断地激活个体、强化个体。

从组织结构上来说，群体中的某些个体如果太弱，信息传递的时候他就无法承担起节点的功能，也无法与其他节点建立起强有力的连接，无法碰撞出智慧的火花。培养人才，就是激活这些节点，打破群体中的信息壁垒，塑造能接收不同信息的个人。

自组织是一个能自我繁殖、无限分割的组织。在社群中的每一个个体都很强大的时候，社群的信息量就会变大，此时社群会更加有创造力和吸引力，从而实现与外界更充分的交换。分布式的组织，没有中心，也意味着每一个节点都能成为中心。具体到企业就是，企业已经进化到不依赖个人而存在，哪怕是领导者离开，去爬山、去游学，都不会影响企业的正常经营。

这样的企业，势必得有其他人拥有领导者的能力，能承担得起领导者的职能。也就是说，企业必须储备一些潜在的领导者。即使企业不能像 GE 那样，能从十几个候选人中间选择出一个韦尔奇，但至少也应该像万科一样有一个郁亮能操持大局。推广到其他岗位，也都需要有强有力的员工能迅速顶替这个岗位的职能。这样在一个中心失灵之后，还能迅速形成另外一个中心。对于那些需要复制业务进行扩张的企业来说，当他们拥有一群可以独当一面的中层核心骨干时，就可以打造出一个可以再生的组织，随时可以进行组织的扩张，从而避免出现"蜀中无大将、廖化做先锋"的局面。因此，企业打造社群结构，要在平时的经营中注重人才的培养，加强员工的培训，打造和激活大量优秀的个体。与之对应的是，一个平等和去中心化的社群结构，也是激活个体的有益环境。

当企业在实际管理过程中，在中心化结构之外，再去建立一个社群结构，并不断尝试去创造连接、制造碰撞、保持独立时，企业的创新能力一定会得到加强，并实现众智共享。

第四节
打造与组织结构匹配的文化

一、打造与"中心化"组织结构相匹配的中心文化

在打造企业双重组织结构的时候,还有非常重要的一点,就是打造与之匹配的双重文化。组织结构与企业文化的关系,就是"经济基础"与"上层建筑"的关系。组织结构决定了企业文化,但是企业文化又反过来影响组织结构。如果企业文化与组织结构匹配,就会促进企业发展;如果企业文化与组织结构不匹配,则会阻碍企业发展。

在中心式结构的组织中,运行的方式是自上而下的,与之匹配的是中心文化。中心式结构中,"中心"要拥有高度的权威,由中心发布的指令能够被高效且不打折扣地执行。因此中心结构的文化,是权威文化和服从文化。上级要有绝对的权威,下级要绝对地服从。一提到这些词语,可能我们首先想到的就是军队。因为军队的核心任务是打仗;打仗的目标就是打败对手,抢的是战机,拼的是力量,靠的是执行;如果打仗的时候没有一个绝对的权威,军队内部争执、分裂,不服从命令,那这场战争必败无疑。这就是为什么即使是在充分民主的国家,一旦到了战时状态,就必须立即转变为集权。因为在执行优先的语境下,权威就是最为适配的文化。

在竞争力主要体现为效率和执行力的企业里,不管是中国还是外国,权威文化即使到现在也仍然是一种主流的企业文化。在美国,培养最多

商业管理精英的学校，不是某一家大学的商学院或管理学院，而是美国的西点军校。在中国，包括柳传志、任正非、王健林、王石等在内的一大批优秀企业家，均是军人出身。中国最具影响力的女性企业家董明珠，虽然不是军人出身，但她身上也将这种权威文化体现得淋漓尽致。

二、打造与"分布式"组织结构相匹配的众智共享文化

在"分布式"结构的社群组织中，权威文化就不再适用了。社群组织的运行方式是自下而上，与之匹配的文化是与权威文化正好相反的平等、尊重、开放、包容。因为在创新优先的语境下，众智共享才是最有效的方式。

众智共享文化包括两个方面：众智和共享。众智，就是要让众人心中有智，让每个人都能给社群带来不一样的信息，让社群拥有强大的信息流。这就需要社群拥有探索、求知、学习和创新的文化。共享，就是建立信息交流和碰撞的畅通渠道，让智慧的碰撞不会演变为情感的碰撞，让众人有分享的意愿和习惯。这就需要打造平等、包容，对事不对人的文化。

如何将众智和共享这两种完全不同的企业文化融合起来，是现代企业面临的一项重大课题。不过幸运的是，也有很多组织与企业，为我们做了成功的范例。比如华为，最初是一家以"狼性"文化而著称的企业，走到如今执行力和创新力都非常出色；而阿里巴巴这种代表新兴互联网文化的企业，也将执行力做到了极致。这些成功的范例都说明，即使是看起来相反的文化，也能在一个组织中完美融合，相得益彰。

三、拥有"一流智力"的领导者才能打造双重企业文化

近两年,美国作家菲茨杰拉德的一句名言影响力很大,叫作"检验一流智力的标准,就是看你能不能在头脑中同时存在两种相反的想法,还维持正常行事的能力"。这句话的确表现出作家深刻的洞见,如果放在企业文化的语境中,则显得更加智慧而通透。一个企业的领导者,就是要具备这种开放的、兼容的大脑,能混合不同的甚至是相反的思想主张,还能正常行事。拥有这种"一流智力"的领导者,才能打造企业双重组织结构与双重企业文化。

2011年年初,腾讯找来了72位互联网界的观察者,连续开了10场"诊断腾讯"的闭门会议,讨论的主题是"垄断与开放""山寨与创新"。马化腾已经意识到,腾讯在发展了12年后,遇到越来越多的来自市场、社会和行业的挑战,因此他希望让批评来得更猛烈一些。他在会上说,"我在网上被骂了12年,心理承受能力很强,希望各位专家不要给我留情面"。像马化腾这样的人就是拥有"一流智力"的领导者。

拥有"一流智力"的领导者讲究对事不对人。一些优秀的公司,其内部管理风格却简单粗暴,毫不顾忌员工的颜面。比如在苹果,乔布斯遇到不满意的作品,向来都是简单而粗暴地责骂员工的作品是"垃圾""狗屎"。他主张,优秀的人才不需要鼓励,不需要安慰,当你招到一个优秀人才,其他的优秀人才就会被吸引进来;让优秀的人才在一起工作就是对他们最大的奖励。这是因为:首先苹果的人才确实都是一流的,内心强大;其次是苹果给予了员工充足的物质保障;再次是苹果的员工都是非常优秀的人才,他们在一起思想碰撞、智力共享,会给彼此带来强大的成就感与荣誉感。在苹果工作的收获远远大于伤害,因此他们的团队会越"骂"越成长。另外,乔布斯对事不对人,苹果内部还设立了

"敢于顶撞乔布斯奖"。与此类似的是史玉柱、任正非等人，强悍霸道，但是对事不对人。

拥有"一流智力"的领导者以问题为中心，而不是以个人为中心。在企业中，以问题为课题进行学习和讨论，有助于寻求到解决之道。分答的失败，原因在人；知乎的成功，原因在问题。未来，提出问题比给出答案更有价值。在知乎提出一个好的问题，可以吸引大量的人关注，大量的人参与答题，使用户活跃性大大提升。

第五章 5
管理实践：众智共享的最初探索

行是知之始，知是行之成。

——陶行知

引子：在实践中找寻"众智共享"的路线图

我们并不能从一开始就明确自己所奋斗和追求的目标，往往是经历了不断的人生方向的调整才最终确定了自己的方向；而这种不断的方向调整自然离不开一次次的实践。

杨振宁是中国著名的物理学家，诺贝尔物理学奖获得者。他不仅在粒子物理学、统计力学、凝聚态物理等领域做出了突出的成就，而且还是沟通中美科学交流的桥梁，为两国人才交流和科技合作做出了重大贡献。杨振宁于1945年赴美留学，攻读博士学位。随后在普林斯顿大学攻读博士后学位。1957年，杨振宁与李政道因为共同提出"宇称不守恒定律"而获得诺贝尔物理学奖。

杨振宁在青年时期非常喜欢物理，在美国芝加哥大学留学期间，他曾立志要写一篇关于实验物理的论文。于是他进入了费米的研究生班，希望可以通过导师费米的指导，完成论文发表。但令人失望的是，当时的费米正忙于阿贡国家实验室的军事技术研究，于是他就建议杨振宁跟着泰勒教授进行理论研究，并且还建议他跟着艾里逊进行实验研究。

在以后一年多的时间里，杨振宁经常在艾里逊的实验室做实验，但实验进行得不是很顺利，人们经常会听到从实验室中传来的爆炸声。当时，实验室里甚至流传着这样一句玩笑话："哪里有爆炸，哪里就有杨振宁。"每当听到这样的笑话，杨振宁都会非常难堪地低下头，他发现自己的动手能力确实不强。

有一天，泰勒博士找到杨振宁，询问他的实验是否顺利。杨振宁诚实地摇了摇头，告诉教授他的实验并不顺利。泰勒博士听后，真诚地对杨振宁说："我认为你不必非要坚持完成一篇实验物理的论文，你的理论物理基础非常好，完全可以充实一下用来写你的博士论文。"听了泰勒教授的话，杨振宁的内心其实是很纠结的，因为他真的是太喜欢实验物理了，但是这段时间的经历也告诉他，自己真的不适合这个领域。

在经过深思熟虑后，杨振宁再次找到了泰勒，说："我接受您的建议，做理论研究。"杨振宁放弃了实验研究，把自己的主攻方向放在了理论物理上，经过不断地努力最终成就了自己，成为中国的骄傲。

从杨振宁的故事中我们懂得了，我们所一直坚持的并不一定就是对的，往往需要不断地尝试纠正，最终走上正确的实践之路。

笔者从事企业教育培训工作已经有 20 多年了，服务过 20 多万家企业，培训过上百万人次，访谈过上千位企业家和创业者，对他们进行了深入的了解。在企业众智共享的课题中，辅助与见证了他们的组织模式变革与众智共享实践，并且创立了"教导型组织"的管理理论。在公司的经营管理过程中，我们积极实践教导型组织理论，理论联系实际研发了各类管理培训课程。

回看这 20 多年的经营管理，或许是无意中踩中了众智共享的拍子，或许是在环境互动中进化而来的结果，我们一直以来所做的事情竟然都非常符合众智共享的路线。我们不断培养强大、独立的个体，不断创造个体之间的连接，不断打造乐于交流、敢于碰撞的社群以及与之适配的制度文化。

第一节
创业维艰，为众智共享奠定原始基础

一、生活的细节就是最好的老师

和这个时代的很多创业者一样，笔者也是一位白手起家的创业者，也尝试过很多的项目，也经历过很多次的试错，最终从生活细节中汲取到灵感并对之前的经历进行反思总结，才找到了自己的路径和事业。

没有谁一开始就是对的，只要我们留心并善于思考，总会在布满荆棘的创业路上找到属于自己的那一条小路。"知识改变命运"，我们这个时代的人对此深信不疑，要出人头地的最好选择就是——读书。当知道我有机会能到几百公里之外的一所学校去上学的时候，我格外珍惜这个来之不易的机会。读书期间，我留意到，想要被学校推荐就业或者直接留校工作，最好就是做学生干部。因此在学校里，我非常努力地当上了学生干部，而且很积极地表现自己。最终，我如愿以偿地留校做了两年的教师。

一次偶然的机会，我跟已经毕业的学生们聚会，发现整个晚上他们都在聊社会上和工作中的一些新鲜事，而我几乎插不上话。因为我在学校里工作，所有能说的事情，都是他们在学校里已经很熟悉的。这个时候，我开始反思：为什么原来都是我说一些新鲜的信息资讯给他们听，而两年之后我完全跟不上他们的步伐了呢？我发现，学校这个圈子已经封闭了我的信息，禁锢了我的思维，局限了我的社会阅历和知识结构。所以我毅然决定，离开学校，去云南大学学习法律，继续深造。

第五章　管理实践：众智共享的最初探索

那两年，我一直都在半工半读。白天我在一所学校里代课，挣我的生活费和学费。所以当同学们在上课的时候，我还在外面打工。到了晚上，他们去约会、玩耍、看电影的时候，我就开始不停地复习，做作业，补白天落下的功课。在我代课的那所学校里，大部分的年轻老师一到周末都坐着打牌、吹牛，而我就骑着自行车，到各所大学去听演讲和报告。当时因为信息不畅，为了听演讲，我几乎在每所大学都交了朋友，让他们只要学校有名师的演讲，就一定通知我。正是因为读书和学习，让我了解到了更大的世界，使我的内心充满了各种各样的憧憬和向往。

在学法律的这段时间，经历了25场官司，最终我发现：我不太适合这个行业。因为无论是原告还是被告，都觉得不公平，都觉得自己是受害者。我每天都沉浸在负面和阴暗的环境和情绪之中，时间久了，连自己性格都变得阴郁了。曾经那个阳光、充满正能量的我不断地在挣扎，一遍遍地拷问着自己内心的真实需求。

另外，在那个年代，做法律业务，每天必须要陪相关人员应酬，而我非常不善此道，疲于应付，甚至有种被耗尽能量的感觉。最让我失望的一点就是，律师靠个人的力量单打独斗，很难做大。我本身很喜欢团队作战，而且我还发现，获更大收益的人几乎都是靠团队作战的。所以，当我云南大学的那些同学们都在努力地准备司法考试的时候，我毅然决然地放弃了律师这条路。

放弃律考之后，我也尝试过找其他工作，面试了20多家公司，都没有找到一家值得自己付出的。随后，我便考虑要不要自己创业。当时的想法其实很简单，就是既然现在找不到一家关怀员工、帮助员工成长的公司，不如我自己创办一家。我要创办一家能像家一样温暖、像学校一样能够学习成长的公司，然后能够带领一群人，大家团结一致，发挥各自的能力，共同去做成一件大事。

在此期间，我做过好几个项目，甚至还卖过床上用品。直到有一天，我和原来的一群学生吃饭，其中一位学生喝了几杯酒，醉醺醺地跟我说："老师，我觉得你还是适合搞教育。因为你只要一讲课，整个人的状态就是激情昂扬的，眼睛炯炯有神。你只要去做其他的事情，整个人就显得萎靡不振，打不起精神来。"

他的这番话，让我醍醐灌顶。所以我很快确定了再次创业的方向，那就是做跟学习教育有关的事情。第二天，我就在报纸上开始看广告，发现了一个和教育有一定关联的创业项目——卖管理教学的影像资料。通过这个项目，让我慢慢地走上了教育培训的这条创业之路。

所以很多时候，即使你再有智慧，也是会有盲区的。有时你自己苦苦挣扎不得要领，但是旁人不经意间的一句话就能点醒你。或许这个旁人不如你聪明，也不如你有知识和能力，但并不代表他没有智慧供你学习。善于借用他人的智慧，是做人做事成功的必要条件。

可能现在说"学习改变命运"是一句老掉牙的话了，但从我个人的亲身经历来说，我仍然愿意为这句话代言。因为学习，就是以快且易得的方式汲取别人的智慧，用强大的信息流丰富自己的头脑。

二、痛并快乐，创业之路

最初追随我一起创业的，主要是我的学生，以及他们又介绍来的一些同学和朋友，一共只有六七个人。因为大家都非常熟悉，亦师亦友，所以我们主要因感情凝聚在一起，而不是单纯的雇佣关系。

当时，我们几个和工人们住在一家工厂宿舍里，和他们一样睡高低床。办公是在"城中村"的一幢四层民房里，我们租了四楼的两个房间做办公室，下面三层楼都还住着人。

每天上午，我们先从工厂骑车到民房去上班，所谓的上班其实主要就是上门推销管理光碟。中午我们再骑车到工厂去吃午饭，因为工厂食堂比较便宜，一顿饭只要两块五毛钱。吃完午饭，我们骑车再去上班。然后下班后我们再骑车回工厂吃晚饭。从民房到工厂，大概七八里路，我们每天至少要骑车跑三四个来回。

刚开始卖录像带的时候，生意真的非常难以开展。一些大的企业混不进去，一些小门店的老板们又没有学习的意识，他们大部分人都当我们是骗子，态度很不友好。所以我们当时的境况很差，甚至都到了要跟楼下卖盒饭的老板赊账的窘境。

虽然状况那么差，但我们每天斗志昂扬，可谓"激情燃烧的岁月"。那段日子令人难以忘怀。就这样我们一步一步走来，确实不容易，也深感庆幸。一个人经历过的事情，会成为生命中的烙印并伴随一生，激励着我们一路前行；而这其中最重要的一个点，就是学习。

三、创业就是一个学习的过程

白手起家的创业团队，最初都会面临两大问题：钱和人。因为没有钱，所以请不到有经验的人；因为请不到有经验的人，所以很难赚到钱。这似乎成了一个死循环。

我们当时就面临着这样的问题：销售人员不会卖东西，因为从来没有人培训过我们。其次，我们卖的东西表面上看是录像带和光碟，但其实我们要卖的是里面的管理知识，而这些知识我们自己都不懂，也就没有办法向客户介绍清楚。

怎么办呢？没有钱去请老师来教，就只能用最笨的办法，自己学。今日想来，当初条件那么艰苦，但是有两件事情我们始终在坚持，那就是运动和学习。每天早上六点钟，我们就起床开始跑步。伴着周围的鸡鸣狗叫，我们一边跑步一边喊着自己的口号，就像在学校操场上晨练一样。跑到几里外的一座公园之后，我们开始做俯卧撑。做完俯卧撑，就开始一起大声地读《羊皮卷》。那时候我们的"圣经"就是《羊皮卷》。读完书之后还不够，我们继续练演讲，把眼前的树当作客户，对着树进行销售演练。这样的工作、学习和生活，我们当时每天都持续着，风雨无阻。

每天晚上下班吃完晚饭之后，我们会再次回到城中村的公司来学习。当时我们有一台录像机，就用来播放我们要卖的经营管理类的录像带。在观看过程中，每看到一个知识点，就马上按暂停，然后大家用本子把它记下来，就这样一条一条地记。学习完一小时之后，我们还要进行总结和讨论，每个人都要分享今天晚上学到了什么？对自己的改变是什么？自己下一步的改进计划是什么？其实简单来说，就是通过每天的学习，对自己原来的工作进行反思，然后做下一步的计划。我们每天都这么做，坚持每日精进。

中国最早的一批教学题材，比如"海尔经验""创新经营"等，我们反反复复地学习，几乎每个人都能够背下来。

记得当年一位经济学家讲创新经营，他说："创新鼻祖熊·彼得说过，创新就是把原有的要素和原有的条件重新组合，最后得出新的结果。对于企业来讲，就是把原有的资源、原有的生产要素拿过来，重新整合，生产出一件新的产品，这就是经营创新。"这位经济学家还打了一个比方，说企业创新经营就像是打麻将：自己拿着一副乌七八糟的牌，然后不断地抛出收进，把自己的牌跟别人抛出的牌不断地进行重新组合，最后赢了，这就叫作经营创新。

我们就把这些经典记下来，背下来，再去和客户介绍，然后客户就真的开始买了。我们的业绩也不断地上升。比业绩上升更有意思的是，我们看这些录像带，本来仅仅是为了更好地销售，但最后这些录像带里的知识慢慢内化成了我们自己的知识，相当于我们共享了那位经济学家的智慧，共享了熊·彼得的智慧。

这种大家一起生活、一起学习、一起创业的经历，最后沉淀为我们企业的文化基因，成为众智共享模式的开端。我们心态开放，头脑开放，用感情和思想连接在一起，通过学习不断汲取外面的新知识，并将之内化为自己的知识，丰富我们的头脑；还不断通过讨论和分享来进行思想的碰撞。

第二节
分享与共享，全力打造我们的众智共享社群

一、共享客户的智慧

当光碟生意渐渐好起来之后，我们对很多客户进行了回访，问这些管理知识对他们有无帮助。我们得到两种反馈：一种就是看了，觉得很有帮助，但是有些地方不太懂，也有些地方不知道怎么去应用。还有一种就是家里的事情太多，完全静不下心来细看。这时候就有客户直接问："能不能把老师请来给我们讲课呀？这样我们课后还能有一些交流，相信这样比我们自己学习的效果会更好。"

客户的声音就是商业机会，也是创新的灵感。当这类反馈的意见多了，我就觉得对啊，把老师请来讲课的话，大家就会有专门的时间来听课了，听不懂的地方还可以当面问老师，当堂就能解疑答惑。所以我们很快就开始转型，从卖光碟转而卖课程。这次商业上的升级，实际上就来自客户的建议。

从此以后，倾听客户的反馈，就成为我们的一种传统。在我后来的管理中，我们的业务人员除了做业务之外，每周还要给公司反馈客户们的声音。一定要搜集四个问题回公司：客户说我们好的地方，客户说我们不好的地方，客户说同行好的地方，客户说同行不好的地方。这就是我们最初的开放式组织和众智共享，要与客户共享智慧。

二、"在战争中学习战争"

在卖课程的过程中，我们确实收获了很多。每次请老师讲课的时候，我和我的员工们往往是听得最认真的，因为我们知道自己身上的责任——要用充足的知识储备和服务为信任我们的客户服务。

除了请专家学者之外，我们还会根据客户的反馈与心声，邀请一些龙头企业的当家人来授课。结果我们发现，企业家的课程，比学者的课程还要受欢迎，因为中小企业的老板们特别渴望知道这些企业家是怎么把企业做大做强的。

在此期间我们还发现，这些专家学者以及企业家，他们本身也非常乐意分享自己的知识和智慧。

到了约定的那一天，他真的如约而至，而且讲得非常好，下面听课的人不停地给他鼓掌。讲完之后，我们把事先准备好的一束鲜花和一个装着演讲酬金的信封塞给他。不料他当着大家的面把信封打开，把里面的钱拿出来点了一下。我当时觉得非常尴尬，想着这么一个知名的大律师，怎么能够当着那么多人的面数钱呢？只见他数完钱之后哈哈大笑，说："讲课还给钱的啊？花我要了，钱就不要了！我今天是来讲课的，不是来挣钱的。"

当年类似这样的事情还有很多，很多企业家和成功人士，其实完全看不上我们那点课时费，他们更在意的是能够分享自己的智慧，而且能真正地帮助那些在创业路上艰难攀爬的有志之士。包括当时我去拜访刘永好，请他来给大家讲课，本以为像他这样的大企业家会难以接近，结果他非常热情地接待了我，并接受了我们的邀请。

三、打造智慧共享社群

自从开小课程之后,我们的业务比之前顺利多了。但是很快,这种模式也遇到了新的困难。首先是我们每次请一位老师,就相当于换了一门课程,换了一款产品。所以我们的伙伴每次都要去销售不同的课程和不同的老师,这个成本是非常高的,而且难度也非常大。

另外,我们当时的老师资源非常少,也很难请到特别合适的老师。有的老师知识水平非常高,但他们的课程与这些中小企业的老板们的距离却有点远,甚至有很多老板反映说他们有时听不懂。

发现绝大多数的学员更喜欢听大企业的老板讲他们创业和经营的故事,而且这些企业家也很乐于和别人分享自己的经历,于是我改变现有模式,推出了"千家企业联合学习模拟大学",在每个月第二周和第四周的周五晚上,都会邀请本省知名的企业家来讲课。这个企业联合模拟大学的模式,可以说就是早期的众智共享社群了。

一开始,我们这个企业联合模拟大学,学员每年的年费只收 365 元,也就是每天只要花 1 元钱,就能每月来听大佬们的课。第一天晚上,来了 100 多位学员,进账 54 000 元。这对当时的我们来说,已经是一笔很大的收入了,这样我们的业务就有了相对充足的现金流。之后这个项目快速发展,会员越来越多。直到这个时候,我创业的第一个阶段才算真正实现了盈利。

回顾起来,我创业的方向一直和学习分享密切相关。从开始为了管理好团队,内部开始学习分享,到后来直接把学习分享当作业务来对外经营,这个转变,完全就是摸着石头过河,一步步摸索出来的。按照现在众智共享的术语来讲,就是根据市场环境进行有效反馈而演化出的结果。

四、分享也是一种乐趣

在做企业联合学习模式大学的项目时，我们经常遇到一些请来讲课的企业家，他们和那位律师一样，完全不在意那点课时费。一开始我们觉得他们是瞧不上那点钱，但想到帮我们节省了成本，很是感激他们。在我们感恩他们的同时，他们也经常反过来感谢我们。他们觉得我们创建的这个平台相当好，能给这些创业的后来者介绍一点经验，让他们在创业的道路上少走些弯路，他们自己也感到很开心。

这个时候我才发现，一个乐于分享自己知识和智慧的人，他本身也会在这个过程中得到滋养，汲取到能量。这就好像，我的学生说我只有在讲课的时候才会眼睛发光一样，我自己也是在讲课中得到滋养的。分享，本身就是一件很快乐的事情，尤其是分享自己的智慧，乐此不疲。让别人得到的同时，自己不但没有失去这些智慧，反而巩固甚至增加了智慧。

在我们读书的时候，老师经常讲，如果你要检验自己对一个问题是否真的掌握了，那么你就给你的同学讲一遍。如果你能给别人讲清楚，并且还能回答别人的疑问，那就证明你真的完全掌握了；如果你发现自己讲不清楚，那就证明你还掌握得不够透彻。这就是古话说的"教学相长"。

所以，当我们自己学习到一些知识、掌握了一些经验、得到了一些智慧的时候，我们一定要积极去分享。或许你不经意间的一句话，很可能就改变了别人的一生；而你，也通过分享滋养了身心，增进了智慧，得到了快乐。

"创业就是一场永无止境的修行"。这场永无止境的修行，就是永无止境的学习。孔子说："三人行，必有我师焉。择其善者而从之，其不善者而改之。"要向那些比你有智慧的人学习，也要向那些可能看起来不如你的人学习。如果你是一个善于学习的人，那么就找到那些可以供你学习的对象，越多越好。如果能找到一个互相学习、教学相长的社群，那就更好了。我们的众智共享就是这样一个让你受益匪浅的社群。

第三节
教导之路：在众智共享的道路上探寻

一、管理中坚持团队学习与智慧共享

在找到新模式之后，我的业务仍然在根据市场及客户的需求进行转型探索，但始终围绕着学习，围绕着智慧共享。

企业联合学习模拟大学这个社群组建起来之后，我们也开始根据企业经营管理过程中的实际问题和各种痛点，进行自主课程研发。20 世纪末到 21 世纪初，我们国家的经济发展进入快速通道，国内的各类企业都在快速发展，尤其是我们的主要客户群——乡镇民营企业的规模也在快速发展壮大。

在这个过程中，老板们原先毫无章法的、粗放式的管理渐渐力不从心，随着部门和人员的增多，经营管理也越来越混乱。吴晓波先生在《大败局》中记录了很多失败的故事。他主要瞄准的是那些著名的企业，而我当时主要面对的是那些中小企业，他们失败的原因，绝大多数是管理水平跟不上，管理人才跟不上。

我们通过不断研究各种管理理论，并且结合那些行业标杆的管理经验，研发了大量的管理类课程。比如绩效管理、成本管理、人力资源管理等。这些课程对企业来说针对性较强且实战有效，广受好评。

几年时间里，我们的团队最高达到了 2 000 人的规模，年营业额近 10 亿元。在这个过程中，我们一边给其他公司进行管理教育培训，一边

也在自己的公司进行管理实践。我们的课程从不迷信或照搬各种先进的管理理论，而是不断地在实践中去验证和总结。不管是哪位管理专家的管理理论、工具、方法，我们一定要先在自己的公司进行实践，找出其中的特点和利弊，然后才会放进课程里介绍给学员们。

与此同时，无论团队多大，业绩多好，我始终在管理中坚持团队学习与智慧共享的习惯。我认为，自己亲身探索出来的道路，一定是最适合自己的。

二、教导型组织

在从事教育管理培训的过程中我发现，管理制度必须立足企业实际，在别的国家应用已经非常成熟的制度，拿到中国来并不一定适用。我们知道中国社会讲究人情，制度必须建立在共识之上。如果不顾人情共识而强推某个制度，那势必会带来非常大的不满甚至是混乱。

另外，在这个过程中，我还发现每一种管理制度都不能一开始便推向极致，一旦推向极致，就会造成管理成本高于收益的情况，也就是我们前面所提到的边际效益递减。比如成本管理，一开始确实能为企业减少很多不必要的开支，使效益得到提升。但是很快，成本管控就会演变成一种惯性，很多不该节省的成本也会被硬性地砍掉，这样做将会给企业造成非常大的损失。

最为重要的是，我们经营管理的核心，不应该是去建立一套行之有效的制度流程，而应该是去打造一个富有活力和执行力的组织，而组织的核心，便是一群有着共同理想和共同认知的人。组织成员和组织文化，才是组织的身体和灵魂。

我开始往更深的领域思考：怎么样才能让企业保持内在的活力，实现基业长青？于是，我从企业之外的组织——家庭、学校、军队等组织形态中去寻找答案。为什么这些组织能在社会中长久存在？在深入研究思考之后，我得出了一个组织内在需要的四大基因，那就是"情感""学习""纪律"和"信仰"；而组织的核心管理手段，并不是靠制度和行政命令来维持的，是靠教育引导。在推行制度和下达命令之前，如果不事先做动员，不做思想工作，制度和命令就很难被认同和执行。如果事前经过了充分讨论和引导，让大家对制度和命令事先有所了解，那么执行起来就会非常顺畅。这个事先讨论与思想动员的过程，就是教育引导；而教育引导，就一定要充分讨论，众智共享。

基于此，我创立了自己的管理理论——教导型组织。创立"教导型组织"，可以说是我对前半生管理思想和实践的一次大总结，也是我创业过程中的一个里程碑。随后，我管理教育的重点，逐渐由制度方法转型到企业文化。在2013年之后，我二次启航，再次成立公司，专门从事企业文化教育。

在教导型组织管理理论提出之后，围绕企业文化这个中心，我们开发出一系列相应的课程，以"教导模式"系列课程最具代表性。这一系列课程可以说是企业培训行业比较成功的课程了，历经10多年仍然兴盛不衰。这套课程先后培训过10多万名企业家学员，现在仍然是我们公司的核心课程。

今天，我们已经将自然科学中的自组织理论引入管理领域，要打造一个具有凝聚力、学习力和战斗力，能对外部环境快速响应的自组织。

三、教育引导式管理

当公司发展壮大以后，层级不可避免地增多，很多管理者就会慢慢听不到一线的声音了。这个时候，我们就要开始推行一些信息流动、智慧共享的模式了。

在我们公司，每个部门每天在下班前都要对一天的工作"扎口袋"，也就是将当天工作梳理总结一遍，将这一天自己的发现和问题都分享出来，让大家一起来学习和探讨。每个分公司，每周都要专门开一次"扎口袋"的会议，将自己分公司的发现和问题分享出来。最后是每个月我们都会召开一次公司"扎口袋"的会议，各个分公司聚到一起来分享自己的发现和问题，让总部和其他分公司一起来学习和探讨。

为了能听到一线的声音，我还在公司推行了总裁面对面的活动。每个月，我都会和一线的伙伴进行一次面对面的、开放式的交流。在这个会议上，只要是工作方面的问题，不管是牢骚还是建议，百无禁忌，都可以说。如果是当下能解决或者回复的，我会当面给出解决方案或者答复。

记得一位销售伙伴在会上直接问我："老师，为什么有一家同行公司的销售提成是50%，而我们的提成却只有18%？"当时有人拉她的袖子，让她不要说了。我却认为，这个问题问得相当好，如果不让她问出来，那她就会一直憋在心里，不仅会影响她工作的热情，甚至会酝酿出更多的不满；而且经她这么一问，我也觉得，这个问题肯定不止她一个人有疑虑，可能很多人都有这样的疑问。

我向她确认了是哪一家公司的哪一门课程之后，立即就让人查了一下那家公司以及那门课程的信息。然后，我就给她算了一笔账，核算了一下我们课程的成本是多少，价格是多少，18%的提成比例是如何得出来的，以及目前我们这门课程的销量所带来的实际提成金额，平均到每个月每个销售人员实际能拿到多少。接着给她分析了那家公司和课程的情况：50%的提成，名义上是提成，实际上采取的是员工代理模式，没有底薪，完全由员工自负盈亏。这门课的销售难度非常大，销售量非常少，销售人员实际拿到手的提成也就非常少。同时分析了这种高价格、高提成模式的弊端，对公司及市场的伤害。最后，这位销售伙伴的疑惑完全解开了。

在我的管理实践中，总裁面对面是一种教育引导式管理的重要方式。通过和一线员工面对面，总裁可以即时发现和解决很多问题，同时也是很好的培养员工的机会，可以对员工进行思想和心态的辅导，提升员工能力，推动企业价值观落地。

在众智共享的层面，这也是一种良好的信息共享和灵活反馈的机制。通过总裁面对面，市场和员工的声音，能直接反映到企业的决策中心，并且迅速得到反馈。更重要的是，总裁面对面也建立了一线和中心畅通的沟通渠道，从而避免了信息在多层级的结构中流失、变形和失真。我们通过这种方式，在打造公司强大的执行力之外，也可以打造出一个平等、开放的机制和文化。

四、在企业中植入学习基因

在我的管理实践中，我最为骄傲的一点是，不管再苦再难，也不管再累再忙，我一直都在坚持做企业自学习这件事。我们每天学习，每周学习，每月学习，投入了一般企业难以想象的时间、精力以及成本。同样让我感到骄傲的是，通过这种持续不断的学习，我们培养了大量的人才。很多伙伴从我们公司走出去之后，不仅在行业内成为抢手人才，在各行各业也都有所建树，诞生了一大批成功的创业者。

曾经有人对此不解，甚至提出质疑，说这是浪费成本、浪费时间，说这就是形式主义，说培养了人才最后他们都跑掉了，太不划算了，等等。但是，我从来没有在这个问题上迟疑过。当我本人在这件事情上认真并坚持的时候，这份认真渐渐传递下去，就成为一种共识、一种习惯、一种企业文化。

当年的革命队伍，无论是行军还是打仗，也无论多忙多累，都要找机会学习，还要坐在一起进行总结反思。包括态度的总结反思，认知的总结反思，以及方式方法的总结反思。通过总结反思，来转变心态认知，提升作战技能，坚定革命信念。

这支队伍就是用这种模式，培养了大批的革命战士和人才——让他们从不识字到有知识文化，从没有革命理想到有革命理想，从只是想混口饭吃到心中装着人民群众，建立理想和情操。可以说，正是通过组织学习的方式，才培养出一支理想坚定、无私奉献的、拥有共产主义精神的革命队伍。同样也是这群人，肩负起了建设国家、为人民服务的责任，为整个国家的繁荣昌盛打下了坚实的基础。

学习是不是形式主义，完全取决于人们的态度。当你认真去对待的时候，慢慢会成为习惯。学习从来不会是浪费，而是一种投资，而且是一种回报率很高的投资。至于培养了人才最后都走了甚至成为竞争对手这个问题，我觉得问题出在留住人才的机制上，而不是出在学习培养上。《中层领导力》这本书中是这样回答这个问题的：比起你培养了人才最后他们都走了，更可怕的是你不培养他们还把他们留在身边。

第六章 6
时代的课题：众智共享式解决方案

圣人不期修古，不法常可，论世之事，因为之备。

——《韩非子·五蠹》

众智共享：智能化时代企业组织管理创新

引子：管理变革：企业持续发展的有效模式

近年来，管理变革一直是中国企业界最关心的一个话题。从传统制造到互联网新锐，从行业巨头到初创小微，几乎所有的企业管理者都在谈管理变革。就像"财富自由"这个话题一样，无形中给人们带来莫名其妙的焦虑感。

事实上，管理变革跟财富自由相比更具有现实的迫切性。首先，互联网对整个商业生态的改造已经进入尾声，甚至可以说覆盖了各行各业。在之前，很多行业凭借一些先天的条件，还可以拖着不去做互联网变革，但是现在已经到了你不变革就将被淘汰的境地。如果现在街上还有哪家店面不支持移动支付的话，那这家店面基本上也就活不下去了。现在，"互联网+"的战略已经上升至国家层面。互联网不仅是一种工具，更是一种全新的思维模式和商业生态，而且互联网技术在不断发生变化，商业生态和管理模式也将随之发生变化。从互联网到移动互联网，再到即将到来的 5G 物联网，可以说时代根本不给企业以喘息的机会，不管是主动还是被动，不管是理解还是不理解，都要跟着跑或被拖着跑。外部的大环境在变化，企业内部的管理模式自然也要随之变革。

其次，我国经济已进入结构调整期，国家提出的"供给侧结构性改革"，意思就是人们的要求变高了，商家或生产者要想办法给市场和消费者提供一些更好的商品和服务。几年前，吴晓波写过一篇轰动一时的文章——《去日本买只马桶盖》，文中指出：现在的年轻人已经不满足于"性价比"了，他们愿意为了更好的东西而花大价钱。所以，企业要抓住这波消费升级的趋势，为消费者提供更好的产品和服务。事实上，日本这些所谓的"高科技"马桶盖，大多是我国浙江省的一些乡镇企业生产的。所以，供给侧结构性改革不仅仅是指产品功能这一个层面的改革，还有技术、设计、品牌、营销等其他层面的改革。这对于一家企业来说，是一个经营管理上的重大挑战，因此企业必须进行管理变革。另外，供给侧结构性改革一方面是鼓励创新和升级，另一面就是要淘汰落后产能。也就是说，这是一项具有"马太效应"的战略。国家要通过政策来引导和鼓励企业创新升级，而企业如果不创新升级，国家可能还要用政策来主动淘汰这种企业。任何不创新升级、不变革管理的企业，都要面临市场和政策的双重淘汰。

最后，共享模式和开放组织、自商业和自媒体等新模式与新组织形式的出现，不仅进一步催生了企业管理变革，也给企业管理变革带来很多的启发，给企业的管理变革带来压力，同时也带来动力。在过去，我国企业在国际产业链条中居于中下游，企业的技术、设计、品牌等更需要创新的工作基本上是发达国家在做，我们的企业主要负责生产制造。这就导致传统的管理主要是围绕"生产执行"这个任务目标而进行的。因此，传统的组织结构就是"中心式"的组织结构，其管理模式是从上至下的。现在，国家的整个经济是要在守住中游的同时，不断往上游进军，不断去挑战技术、设计、品牌等创新工作。当我们的管理不再围绕"生产执行"这个核心目标，而开始围绕"创新"这个目标时，传统的管理就会显示出极大的劣势，我们就必须进行变革升级。

鉴于上述现实的压力，应对管理变革，重在加强学习。企业学习是适应新环境、新需要的唯一途径，更是企业持续发展的有效模式。

第一节
管理变革：商业与组织进化催生变革

一、以创新为管理目标的转变

过去，我们的企业在国际产业链条中居于中下游，这主要是因为技术、设计、品牌等创新的工作基本上是发达国家在做，而我们主要负责生产制造。这种恶性循环导致我们国家的传统管理主要围绕生产这个任务目标而进行，缺少自身的研发创新。

生产任务的核心是追求品质与效率。标准化和流水线，是生产企业的两大法宝，这是泰勒的"科学管理"理论中的主要内容。这一理论曾极大地提升了生产率。

社会发展到今天，标准化和流水线作业，正被智能化的机械一步步取代。随着技术水平的不断提高，机器在标准化和流水线作业领域，将会完全取代人工。以生产为主要任务的管理，将会不断缩小应用范围。现代管理的目标，已经不再是围绕着品质与效率的执行，而变成了创新。

二、管理结构向现代管理结构过渡

创新不同于执行，没有办法标准化，自上而下的管理结构对于创新来说，效率很低。因此，在管理目标转变的同时，为了适应新目标，管理结构也必然要改变。

传统的管理结构是金字塔形的，以领导者为中心，以执行为目标。决策是由领导层传达到中层去执行，中层再传达给员工去操作；而客户只是被动接受这一切。如果客户要反馈问题，也必须一级级地往上反馈，再由领导者根据具体情况做出决策。这种结构反应速度非常慢，而且由于负责的对象不一样，每一层级都可能会阻碍不利于自己的信息，进而导致决策失灵。

现代管理结构是嵌套环形，以客户为中心。这个时候，离中心——客户最近的是一线员工，然后是中层，最后才是高层。一线的决策权越大，越能满足客户，越能实现创新。海底捞就是提高一线决策权的具有代表性的企业。在海底捞，任何一位一线服务员，都有送菜的权力，都有送礼物的权力；而一些资深一线服务人员或者高级一线服务人员，甚至有打折和免单的权力。因此，海底捞的服务呈现出了个性化和不拘一格的特点，以客户感受到舒适为宗旨。实际上，海底捞的很多创新点，比如提供发带、眼镜布，等位时供应棋牌和小零食，提供美甲服务，等等，都是由一线员工想出来的；而且，他们能做到面对不同的客户时及时提供不同的服务。

传统管理结构与现代管理结构图，如图 6-1 所示。

在传统的金字塔形结构下，一家餐饮公司往往就是领导者说要微笑服务，然后中层去培训一线员工"露出八颗牙的最美微笑"，最后由一线员工去笑给客户看。至于这个时候客户是不是喜欢这个所谓的"最美微笑"，一线员工是管不了的。所以，这种管理虽然执行力强，却很难创新。

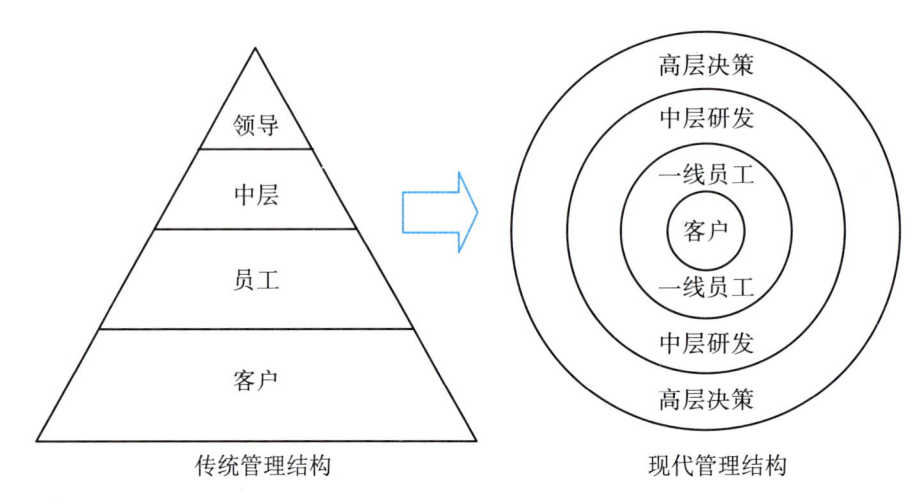

图 6-1 传统管理结构与现代管理结构图

三、管理模式全面升级

当管理不再围绕生产执行这个核心目标进行时，管理结构也开始自下而上转变，此时我们的管理模式自然也就需要升级了。

传统组织结构管理模式主要有三类：被动式——员工只等着上级下命令，自己根本不需要思考和创新；填鸭式——员工只等着上级下命令，自己没有资格思考和创新；灌输式——员工只等着上级下命令，自己没有能力思考和创新。

然而现在，我们必须充分发挥一线员工的作用，让公司各个领域的一线员工去创新：让技术研发一线的工程师进行技术创新，让设计一线的设计师做设计创新，让客户服务一线的服务人员做服务创新，要激发他们发挥出自己的聪明才智，要让这群"听得见炮声的人"去做决策。

在这种情况下，大部分中小企业的领导者开始担心，自己的员工看起来不那么让人放心，更看不出他们具备创新和决策的素质和能力。这种担心其实不无道理,所以把权限交到一线员工手上之时,管理模式一定要相应地进行转型。要把传统的被动式、填鸭式、灌输式的管理,变革为主动式、参与式、启发式的管理。将管理的重心由做事转化到育人上,将管理的模式转化为教育引导。只有这样,才能最大限度地激发所有人的智慧,提升企业的创新力。管理模式转型升级,如图 6-2 所示。

```
管理模式的升级
------------------------------------

被动式——主动式
填鸭式——参与式
灌输式——启发式

最终要转型到教育引导的管理新模式
```

图 6-2　管理模式转型升级

第二节
企业自学习：保留组织基业长青的基因

一、创造力来自学习

对于昨天的企业来说，效率就是企业的生命力；但是对于今天的企业来说，创造力和创新力才是企业的生命力。企业只有持续创新、创造，才能蓬勃发展。那么，创造力和创新力从何而来呢？没有捷径，只有从学习中得来。

很多公司没有办法在竞争中持续发展，主要就是因为这个企业没有学习力，不知道如何去创新和创造；他们日复一日地在那里做一个产品，不学习，不思考，不会根据市场需求及时调整自己的产品，思维走向僵化，最终被市场所淘汰。

所以，作为企业管理者，必须要带领员工不断地去学习。不仅学习技术，更要学习客户，学习同行，了解这个社会在发生哪些变化。只有不断地学习，才会在工作实践中发现问题和创造商机。否则你的产品为什么不受欢迎，你的客户为什么会流失，你们都不知道。

有的企业家说自己是服务生产型企业，工作一直很忙，超负荷运作，根本就没有时间和精力去学习。如果说工作忙到根本没有时间来学习，那就说明你的企业已经有很大的问题了。这就好比一个家庭，丈夫和妻子都很忙，忙得没有时间一起吃顿饭、看场电影了，说明这个家庭已经出现了问题。如果一个企业的员工每天超负荷工作，忙得连坐下来一起学习、开个总结会、过一下团队生活的时间都没有，那大家就会丧失归属感和团队感情，企业也必定会走下坡路了。

所以，一位善于学习的管理者，遇到这种情况往往会问一个问题：我们的超负荷是文化上的超负荷，还是实际上的超负荷？有的公司，员工成天坐在那里喝茶，但还是叫苦连天说工作超负荷。如果真的是工作量超负荷，就要问：为什么会出现超负荷的情况，超负荷会带来哪些问题，可以怎么解决？于是你就会思考，是不是该优化一下流程或者增加人手？这样超负荷的局面就有机会得到改善了。

二、学习永远不是浪费

企业要开展学习，首先要让领导者认识升级。很多时候，企业家并不是不重视学习，不是不知道学习的重要性，而是对自己的员工没有信心。有的企业家说，自己员工的文化水平比较低，让他们开展学习没用。这种看法首先就给员工贴上了标签，有这种顾虑说明这家企业缺乏学习与众智共享的文化。往往这种企业更需要学习和众智共享。

当年张瑞敏刚刚接手海尔的时候，写了13条规定，其中包括不允许在车间大小便，不允许偷厂里的东西。如果当初张瑞敏觉得自己的员工素质太低，不抓学习，不抓改进，那就不可能有今天的海尔。所以，首先我们要看到员工的潜质，其次如果觉得员工还没有达到你所希望的状态，那就赶紧去培养他们。

很多时候，在不同人的眼里，同一个问题会有不同的解决思路，并不是说只有专业人士才能想出最好的解决方案。100多年前，欧洲有一座12层的大楼，用了几十年之后，发现一部电梯已经不够用了，准备加装一部。受委托方便开始规划设计，忙着凿墙打洞。这时大楼里面一位清洁工就问："为什么不直接在墙的外面装呢？这样不就不用那么费劲了吗？"大家一听，"对啊！"后来就有了外墙电梯。

三、重视企业学习的误区

说到学习，很多人想到的无非就是看书和上课，让自己的脑子里装很多的知识，这样和别人聊天的时候就会显得自己懂得很多。但是今天我们所倡导的学习不仅仅局限于"知道"，而是要升级为"做到"。从"知道"到"做到"，是学习的一次飞跃。只有当你真正能做到，才能证明你的学习是有效的，才能让你的学习转换为创造力和生产力。尤其是企业学习，耗费时间、耗费精力、耗费金钱，如果学了没有用，那就是极大的浪费。

对于企业来说，学习是必须要做的事情，但往往又被当作是最不紧急的事情，所以容易让企业陷入总在做紧急但不重要的事情，而没有做重要但不紧急的事情。也有一些企业的学习意识比较强，但是又走入了其他的误区。

企业学习的第一个误区是盲目攀比。很多企业组织学习，不是为了实现价值，而是做面子工程，看见别人这样做了，自己也要照着做，否则就会觉得自己的企业不上档次。比如，有的企业看见很多大企业都有企业大学，自己就搞起了企业大学，不仅没有收到任何效果，还浪费了资源，最后却说企业大学没有一点用。实际上企业大学很有用，但那是像华为、腾讯、阿里这种大型企业做的事情，他们的企业大学体系完备，有几千门课程，员工可以任意选课，员工的学习和职业生涯挂钩。他们这么做是因为他们有庞大的业务需求，也有这么大的平台支撑。如果我们中小型民营企业盲目去学的话，很难调动起员工的学习积极性，自然也就没有任何的效用了。

企业学习的第二误区是盲目求多。原来人们的学习是灌输式的，尽可能索取多的信息，因为那个时候信息缺乏而且封闭，你知道的比别人多你就比别人更有优势。但今天是一个信息泛滥和透明的时代，人们淹没在信息的洪流中，这个时候你再去盲目地给员工灌输信息，反而会扰乱员工的心智。今天很多企业家和管理者都会发现一个问题，就是员工知道得太多，以至于每个人都有自己的想法，每个人都有自己的意见，这样使得企业战略很难得到认同。所以，这个时候的学习就不是求多了，而是要精准和聚焦。

企业学习的第三个误区是盲目外求。以前企业在学习的过程中，都喜欢请外面的一些有名的老师来上课。名师确实有自己的专业知识和经验，但是他只是讲自己的那一套，讲完了就走了；而真正懂我们企业的，懂我们工作岗位的，给我们客户做服务的，是我们自己的员工。真正能帮助企业解决问题的，不是那些名师，而是员工。正所谓"当下师为无上师，当下法为无上法"。所以，今天要想办法让我们的员工成为名师，这才是今后学习的方向。

四、透析企业学习的痛点

当企业避开学习误区，真正按照自身的实际情况和实际需求设立明确的目标和焦点、有计划地展开学习时，也会遇到很多的难题和痛点。如图 6-3 所示。

首先，是没有相应的能力。学习这件事情需要有专门的人来管理和引导，很多企业管理者只会做业务，没有教育员工的专业知识和能力。他们虽然知道要让员工学习，要对员工进行培训，却不知道让员工学习什么，而且也没有知识点的总结和提炼；另外，他们也不知道怎么引导学习，在学习之后，更不知道如何把这些知识和企业对接起来，从而促进企业的改进。

企业学习的痛点

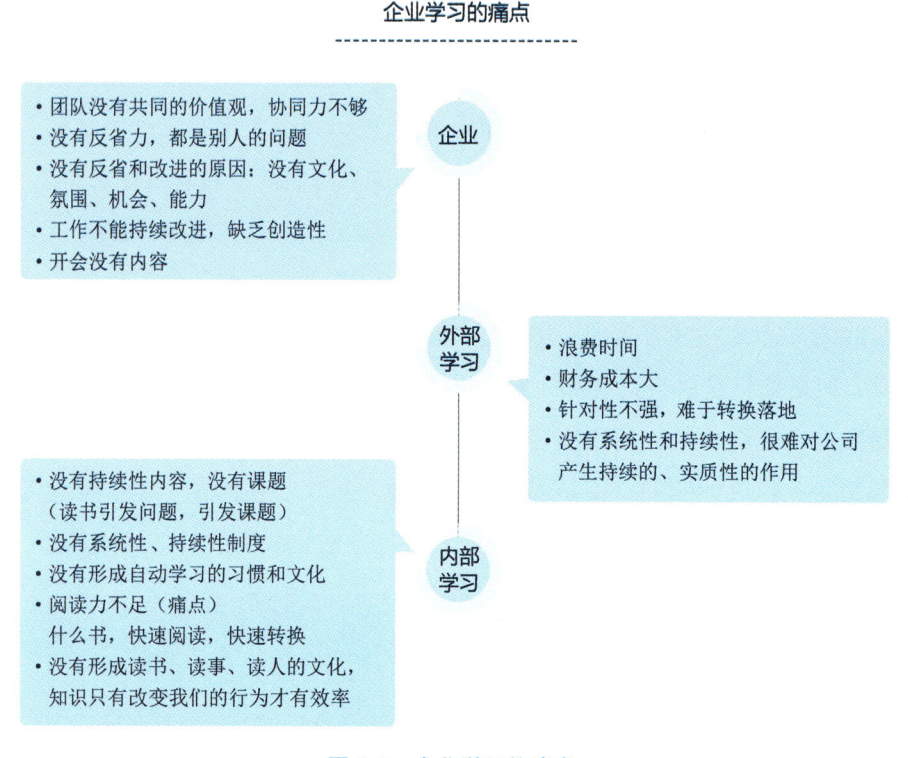

企业
- 团队没有共同的价值观，协同力不够
- 没有反省力，都是别人的问题
- 没有反省和改进的原因：没有文化、氛围、机会、能力
- 工作不能持续改进，缺乏创造性
- 开会没有内容

外部学习
- 浪费时间
- 财务成本大
- 针对性不强，难于转换落地
- 没有系统性和持续性，很难对公司产生持续的、实质性的作用

内部学习
- 没有持续性内容，没有课题（读书引发问题，引发课题）
- 没有系统性、持续性制度
- 没有形成自动学习的习惯和文化
- 阅读力不足（痛点）什么书，快速阅读，快速转换
- 没有形成读书、读事、读人的文化，知识只有改变我们的行为才有效率

图 6-3 企业学习的痛点

其次，没有学习的文化。很多企业的员工把学习当作一项考试任务，只把知识装进脑袋，却没有装进心里。企业在这个过程中也没有反省，似乎学了知识都是去评判别人的，从不反省自己，从不用来提高自己，学习的时候更不知道怎么反馈。这样很容易把学习会开成工作会，更糟糕的是开成批斗会，影响同事之间的感情。

再次，没有学习的系统。企业学习应该有一套系统和流程，用来保证学习成果，培养学习习惯。但是，很多企业的学习都是看心情，领导想起来的时候就学习一下，领导忘了就不学了。学习的过程也没有一个规范，大家该怎么分享，同事该怎么反馈，领导如何总结点评，完全凭感觉，以至于搞得大家都觉得学习只是走形式，慢慢就对学习丧失了信心和兴趣。

最后，学习成本高，收效低。还有很多领导没有时间和精力亲自给员工做培训，就花高价把员工送到外面去脱产学习。这种学习的时间成本、精力成本、财务成本以及各类隐形成本都非常高，而且还不一定有效。

因此，企业家和管理者在对员工进行培训学习的时候，要尽量避开以上所阐述的学习痛点，以便让员工的学习有效果，并推动企业的创新发展。

五、让自学习模式在企业中成为一种习惯

企业要解决以上问题，就要在坚定学习信念并清晰学习目标的基础之上，建立一套企业学习制度以及企业学习文化。同时，在企业学习这件事情上，企业要将自身打造成为一个自动学习、自主学习、自觉学习的社群，即企业自学习模式。

在打造了坚定的学习信念，建立了企业自学习的前提与基础之后，还要树立学习目标。很多企业管理者懂得学习的重要性，也非常重视企业学习，但学习的行为却是被外面的潮流牵着走的，什么书流行读什么书，什么课程火爆上什么课，听着很过瘾，回来却完全用不上。用不上并不是说这些书籍和课程和他的企业不相干，而是管理者并没有抽时间主动把自己的学习和企业管理关联起来。

所以，学习目标的确立，不是特指为了解决一个问题而去有意识地学习和寻找答案，而是在学习某种内容时，建立起一种"和我有什么关系"的思维模式。一旦建立了这种思维模式，学习就能迅速和企业改进联系起来，并产生实际行动，转化为成果。这一点，是我们自学习社群多年来通过实践得出的结论。

然后，就是企业要建立自学习机制。就我们自己的企业来说，我们长期实施"7+1"和"4+1"的学习制度。"7+1"，就是每天上班7小时，下班前留出1小时进行学习。"4+1"，就是每个星期上班4天，拿出1天来进行学习。再加上每月的总裁面对面，以及每季度中层领导力自学习的将帅营，真正将企业自学习这件事情贯彻执行到了极致，并让员工养成了一种自学习的习惯。

在日常自学习基础之上，我们开展了周末课程。每个周六都安排老师授课，想听的人主动报名。后来发现，很多员工只要周六没有安排，基本上都会来听课。

第三节
企业众智共享促进组织成长

一、众智共享式解决方案

企业学习不是为了学习而学习，而是要让学习产生实际效果，成为企业创新问题的解决方案。因此，需要建立"和我有什么关系"的思维方式，实际上这已经是将单纯的学习行为升级成为智慧共享了。如果我们将学习中共享到的智慧应用到实践中，就已经实现了创新。

如果我们此时再将自学习社群化，让大家在共享智慧之后，再进行交流和碰撞，那我们就能共享到更多的智慧，并且碰撞出更多的创新想法。而通过分析这些创新想法，我们最后得出的创新实践方案，将会有更高的成功概率。

企业中的众智共享式解决方案就是打造一个自学习社群，使每个人能够不断地接受新的信息流，让他们之间能够不断地进行碰撞，从而涌现出创新思路，并运用其中可行性高的思路去实践。

针对单个的、具体的、简单的问题，大量搜集信息，展开头脑风暴，群策群力，从广义上来说，这也是众智共享。对于企业来说，也可通过完善机制，更好地发挥每个员工的作用。比如，每人每天贡献4个关于客户的问题，或者搜集客户与同行的信息。再比如，公司完善一项制度，每位销售员工，每个星期都要贡献一条发给客户的短信或微信内容给公司，公司选择精品收录进文案库以供新员工学习使用。

针对持续的、不确定的、复杂的问题，企业应该打造自学习社群，建立一套众智共享的创新机制来应对。企业经营是一个持续的、复杂且变化的发展过程，这个过程中企业会遇到很多问题。当企业并不能很好地解决这些问题时，就应该打造自学习社群，利用众智共享来进行创新和进化。

二、企业自学习社群

众智共享需要有一套共享的文化和机制，需要对员工进行引导、鼓励，要形成一种氛围。这种氛围一定要适合社群，也就是平等、尊重、包容。

在谈工作的时候，大家可能还有职务高低之分，但是在以学习分享为目的的自学习社群中，大家要暂时抛开职务身份，彼此平等相待，这样才可以尽情地畅想和表述。在学习过程中，要引导和鼓励员工自发地去分享自己的收获。比如，通过一些事情，发现自己可以提升的是什么，可以改变工作中的什么事情。

社群运营的关键是主题和规则，企业自学习社群也一样。社群学习些什么，怎样分享，怎样和实际关联，怎么让社群更有活性，这些问题都需要进行系统和深入的设计和思考。

第七章 7
读书会：众智共享落地模式

独学而无友，则孤陋而寡闻。

——《礼记·学记》

引子：教导读书会使众智共享成功落地

解决企业学习和众智共享中出现的难题，我们自己多年来探索、碰撞出的道路就是建立读书学习制度，打造读书学习社群。"读书会"制度，我们坚持了 20 多年。

通过读书会，我们公司出现了很多创新的尝试，而且我们一直在跟随时代不断改进。可以说，每一次读书会都是一次脑力与创造力的碰撞，都是一次自学习社群的建设活动，都是一次为培养人才与发现人才做出的努力和尝试。

在这 20 多年里，我们的读书会从开始的散漫到后面的严谨，从开始的每个人自说自话到后面一定要交流反馈，从开始的只读书到后面慢慢也要读人、读事，还要改进和实践，我们在实际中不断完善与改进，或者说不断更新与进化。

在这个过程中，我们独特的读书会模式，渐渐在客户中产生了影响。很多企业也来我们公司参加读书会，并且一直在尝试将这种模式复制到自己的公司。为此，我们孵化出了"教导读书会"这个产业项目，主动向更多的企业推广，旨在更大范围内打造一个自学习的社群。

为了更好地推动教导读书会项目，也为了建立一个更为广大的自学习社群，我们线上线下相结合，在线为企业提供周课分享，同时，还设计了促进互动与激励创新的功能。

我们的主要目的，是希望能将我们这套众智共享的落地模式介绍给广大读者，并邀请大家一起参与这个众智社群的打造，多方碰撞，共同受益。

第一节
如何在企业中创建一个读书会机制

一、读书会制度流程助力企业建立成长性组织

在前面，我简单介绍过我们公司坚持了 20 多年的读书会，在这里给大家做一个更详细的介绍，包括我们的制度、流程、工具等，以方便你可以直接拿到自己的公司应用。

读书会的制度包括以下几项内容：①分为月度读书会和周度读书会两种形式。其中，每月一次的读书会全员参加；其他三周每周一次的读书会由公司核心高级管理人员参加，但欢迎有兴趣的员工主动参与。②读书会设置首席学习官和纪律委员等角色，首席学习官负责策划和主持读书会，纪律委员负责点名、计时、记录等各项会务工作。③月度读书会时间为 3 小时，周读书会时间为 2 小时。④全员月度读书会的读书选题，由首席学习官根据公司战略以及阅读经验来推荐。每月三次的周读书会的读书选题，其中两本由首席学习官推荐，剩余一本由自己决定。⑤参加读书会之前，要求读完整本书并做好勾画记录，同时还要填写一张读书改进表。⑥赞助制度，月度读书会除规定的特殊情况或不可抗因素之外，一概不允许请假。迟到和未读完书籍的，赞助读书会选题图书定价的 5 倍金额，进入读书会资金池，用于会议茶歇或购买图书赠送会员。

读书会的流程包括以下步骤：①点名。纪律委员清点人数，通报参加人数、迟到人数、请假人数及事由。②分组。根据参会人数及会议时间，将参与者分为 2~4 人一组的若干小组。以 2 人一组为例，参与者轮流按照 A、B 进行报数，相邻的 A 和 B 结成搭档，成为一组。③检查。小组成员相互检查各自读书的情况，以做记号为准。未做读书标记的，视为未读完，按照规定进行赞助。纪律委员随机抽查 6 个小组，如遇袒护现象，则未读完者赞助，袒护者双倍赞助。④组内分享。小组内进行互相分享读书收获，每人分享 3 分钟。⑤代表分享。每小组选出一位代表，做大会分享，不超过 3 分钟。⑥反馈。每位分享者，给予 5 分钟接受反馈的时间。倡导所有参与者都主动对分享者进行反馈，如果少于 3 位反馈者，将由首席学习官进行点名反馈。⑦总结。分享反馈结束之后，由企业一把手或者首席学习官结合公司战略现状，对本次读书会做总结性发言。

读书会的工具，主要是一张读书反省和改进计划表。如表 7-1 所示。

表 7-1　读书反省和改进计划表（模板）

部门：＿＿＿＿　　姓名：＿＿＿＿　　职位：＿＿＿＿

一、上月读书会改进总结（必须有一个具体计划）

序号	上月改进计划	本月改进具体案例	达成成果

二、本月读书会推荐书籍

三、本周读书及改进计划

序号	学习要点	自我反省	改进计划	完成时间
1				
2				
3				
4				
5				

备注：请结合自身实际情况填写改进计划表格，各个改进点必须要有达成时间。表格中不能有漏项。根据提交的表格内容，在读书会上进行3~5分钟的分享。（因特殊情况不能参加读书会的，也必须按时提交改进计划表。）

二、创建独具特色的读书会

通过以上制度流程，大家可以看到，我们公司的读书会和普通的读书会还是有较大区别的。

首先，我们的读书会并不局限于知识信息的获取，而是更加重视反省与改进。反省就是让知识信息与自己既有的认知产生碰撞，从而更新自己的思想观念，实现思想与思维的创新。改进就是将思想与思维的创新外部化，促成行为的创新、实质的创新。因此，我们的读书会，既是组织的实践，也是创新的实践。

其次，我们的读书会不是听某一个人讲，而是比较注重参与和分享，每个人都有机会发表自己的看法，甚至每个人都必须发表自己的想法，让好的想法在更大的范围内展示。在社群内部，激发员工分享与碰撞的积极性。分享和参与是人类的天性，每个人都希望有参与的机会，也就是表现自己的机会。今天每个人都通过互联网拥有了大量的信息，也形成了自己的思想观点，甚至做出了自己的贡献。给大家一个分享的机会，会极大地增强员工的参与感与积极性。在此基础上，我们对分享做了强制规定，每个人至少有3分钟向自己小组搭档进行分享。制度规定要分享，就会促使每个人认真对待、提前准备，同时也是锻炼个人表达能力的一种方式。

再次，我们的读书会在分享的同时，还非常重视反馈。也就是在分享之后，每个人都可以对分享者所分享的内容进行讨论和反馈。这样信息流动就不是单向的，而是双向甚至是多向的。反馈环节，就是思想的碰撞。与分享一样，反馈也是带有强制色彩的，如果没有人主动反馈，那么每个人都有可能被点名反馈。这就要求每个人都必须认真倾听别人的分享，认真思考别人分享的内容，这样便培养了个人倾听的习惯与思考的能力。

最后，我们的读书会还有一个从制度上没能体现出来的特点，那就是引入了我们的"教导型组织"的文化，即包容与接纳的文化。我们创造一种人人都能说，人人都敢说，人人都愿意说的机制。

除了读书会，我们还会组织大家上一些心态类的课程，举行一些以欣赏和改进为主题的活动。这样便可以保障我们的读书会不只是评价式读书、评价式分享、评价式反馈，而是创造积极的、建设性的氛围，让大家能承受得住别人对自己的批评与反对。

我们的读书会，实际上是在企业内部创造了一个扁平化的平台，使每个人都能参与其中，通过采纳众人的智慧，为经营管理中的创新提供组织条件与实践条件。我们读书会的形式，实际上是给社群设定了主题，确定了风格。另外，读书会创造了适度的冗余，为智慧涌现准备了条件。这就是《精力管理》一书中所强调的"休息"，《理解未来的七个原则》一书中的"务虚思考"，以及《稀缺》一书中的"余闲"。

三、在读书会中改进与提升

改进与提升也是我们读书会的核心内容。以每周学习会为例，它不仅可以让我们在工作上有改进与提升，还会起到相当于党员队伍里"过组织生活"的重要作用。一群人在一起打造一份事业，如果不能在一起交流思想，不能在一起学习战术战略，不能在一起培养感情，那又怎么能在工作中良好协作？又怎能改进提升？在一起学习、在一起做事、在一起经历苦和乐，就是培养感情的最好方式。所以，公司要建立这样一套持续、固化的系统和体系，让大家说话，让大家参与，让大家展示自己。

读书改进与提升的具体措施包括以下几个方面：①从每本读过的书中，提炼出3个感触最深的知识要点；②根据这3个知识要点谈谈自己的心得体会与并有所反省；③结合自身的工作提出今后的改进与提升计划；④确定改进与提升计划完成的截止时间；⑤填写未完成的惩罚事项；⑥填写改进与提升计划的监督人姓名。如表7-2所示。

表 7-2　读书改进与反省表

公司/部门：_____　职位：_____　责任人：_____　完成时间：____年___月__日

一、上月读书会改进总结（必填一个具体案例）

序号	上月改进计划	本月改进具体案例	达成成果
1			

二、____月读书反省与改进计划

序号	学习要点	自我反省	改进计划	完成时间	责任人
1					
2					
3					

第二节
如何打造高效的教导读书会

一、教导读书会的缘起探析

教导读书会,是在我们公司读书会的基础之上,发起的一场"企业学校化,领导导师化"的终身学习革命。通过"读书、读人、读事",重塑企业学习基因,再造企业创新能力。教导读书会致力于帮助中小企业培育企业首席学习官,建立"人人学习、人人为师、互相教导、众智共享"的自学习社群。

教导读书会聚焦学习成果的落地转化,真正让企业的学习变成企业的改进。简单来说,我们从读书中获取的所有信息资讯,将成为一个"药引子",在我们和工作之间,在我们和员工之间连接和碰撞,从而生发智慧、涌现创新。教导读书会不是盲目灌输信息,而是通过信息激活我们的头脑,激活我们的工作创新。所以,教导读书会是一种激发式学习。

教导读书会锁定的一件事,就是做团队学习,主要有三点价值:一是带来实际的工作改进。在团队学习的模式中,教导读书会的线上代读部分的价值只占20%,其作用只是作为引子;而其中80%的核心价值,是在线下贡献出自己的课题,然后通过这个课题引发我们对工作的总结以及改进的思考。二是引发前沿的智慧共享和全员参与,不仅增强了员工的凝聚力和主人翁精神,更在无形中培养了员工的专业素养。三是帮助企业建立教导型组织的文化，把企业打造成基业长青的教导型组织。

教导读书会线上和线下相结合，将构成一个有氛围、有机制、有渠道，员工有能力、有意愿参与的企业自学习管理平台，让学习变得更加便利。

线上教导读书会主要有四个栏目：

第一个栏目是首页的免费内容，包括每天一分钟的语音，"老侯论道"以及一些深度文章。"老侯论道"最初是在微信公众号上做的，两年下来已经积累了几十万粉丝，非常受欢迎。这个栏目的内容都是围绕着商业管理及个人成长设计的，包含一些管理知识、人生哲理、商业案例和心态训练等。

第二个栏目是"老侯代读"，每周老侯通过30分钟的视频，帮助大家解读一本书的精华内容，通过这个引子，启发自学习社群的读者们去讨论、反省和改进。代读，是通过读书来读懂人、读懂事，最后给自己、给他人、给公司具有建设性的反馈——我们称之为赠礼物。教导读书会就是读书、读人、读事和赠礼物。

第三个栏目是"读书会"，在这里每个人可以组建一个自学习社群，在这个社群里，你就是那个教育者和布道者，这里还有一套打赏的体系，激励大家学习、反省、改进。作为群主，当你的自学习社群的成员在星期三学习和共享智慧的时候，你可以对他们进行打赏。只要员工在周三学习一本书，给自己一个反省和改进，给公司提出一个建议，领导者就可以打赏一定数量的学习币，到年底可以作为年终奖一次性地发给员工。我们采用这种好玩的方式，让学习变得更有趣，互动性更强。

为了适应线上学习，我们对读书会的形式和内容都做了相应的调整。比如，我们做了一些拆书的工作，将一本书最有价值的知识要点提炼出来，做成视频与音频，以方便用户快速接收。线上的读书会仍然注重分享与反馈,为此我们开发了一些互动的功能。读书的目标还是围绕着反省与改进,引导用户从思想创新触发行动创新。

其次,我们提高了读书会的组织频率,线上的读书会频率从线下的每月一期提高到每周一期。每周三下午我们都会上线一期拆书视频,用45分钟左右的时间,解读一本贴近企业与员工的书。每周三花一点时间开一次读书会,可以让我们从繁忙的工作中暂时抽身出来,换一种状态去工作与思考。同时,周三下午开完读书会,趁着印象最深、感觉最浓的时候,可以在接下来的周四和周五去实践和改进。

最后,我们的线下读书会每月仍然会在公司里定期举行。不仅如此,我们还吸引了更多的企业参与,组成了一个更大范围的、以学习为主题的"自学习社群"。目前,全国已经有多座城市及企业建立了自学习社群。这些自学习社群,根据他们各自的环境,不断地自我改进,并且形成了自己的独特风格。

通过教导读书会启迪员工的智慧和心灵,还会关注团队的学习和成长。在这一过程中,我们以共同的价值观为基础,建立起企业学习体系和人才培养系统;同时,搭建了实效落地的学习转换平台,让每一个组织成员的能力都得到持续提升,从而提升企业的核心竞争力。

第四个栏目是首席学习官,这是一个针对个人以及团队学习进行管理的栏目。

我们也希望让企业家到我们公司来体验读书会如何开,主持人如何引导、引发和反馈。我们更希望企业家学到一套读书会的体系和规则,包括每个人怎么发言,发言要多少时间,以及为什么要这样去设计,这样设计有什么好处,等等。在体验和学会之后,回去可以用这套系统和流程培养人才,营造自己企业的文化氛围。

对于企业和个人来说,读书不一定是刚需,但学习一定是刚需。教导读书会就是采用最节省时间、节省精力、节省成本和最有效果的学习方式，来满足企业学习的需求。所以，这套模式是未来的趋势，让企业从原来的教育培训转变为企业的自学习，用最低的成本收获最大的学习成果。

二、教导读书会的定位与目标

我们倡导企业自学习，但很多企业面临的一个共同的问题是，不知道从哪里去找课题。教导读书会就为大家解决了这个难题：第一，是由知识引发而来。我们看到书中的一些知识点，经过消化引到我们自己身上，让我们知道要怎么改进。第二，从员工的反省中来。工作中也会有很多的问题，关键是要去发现和反省，最后改进。

通过教导读书会的模式，员工有机会把平时工作中的问题暴露出来，当作学习的课题和教材。与此同时，我们用代读的模式抛出一个主题，根据这个主题来检测一下企业的工作。

有人说文化问题说起来容易，但是总落不了地，一个重要的原因是，他们根本没有去落地。在《海尔转型：人人都是CEO》这本书里写道，一位董事长问张瑞敏："为什么你们公司的执行力那么强？"张瑞敏说："因为我们每周都有高级经理人的日清会。"这位董事长说："我们也有啊！"张瑞敏说："你们的日清会坚持了多久？你每周都参加吗？每次日清会你们所有的高级经理人都参加吗？在海尔，我每周都参加，已经坚持了十几年了。"同样是日清会，你的日清会和海尔的日清会其实是不一样的。在企业文化建设方面，你的重视程度有多高？你自己有没有参加？你坚持了多久？同样，在打造自学习社群的过程中，你们公司各部门里每周有没有一个半小时的学习会议？总部每个月有没有 3 个小时以上的高管学习会？你们的"一把手"是不是每周都参加？你们这样坚持了多长时间？只有回答了上面的问题，才有资格说落地问题。如果没有做到上面这些，却说自学习不能落地，那就是本末倒置了。

我们希望邀请到更多的企业、更多的首席学习官，进入我们这个大社群、大平台。在这个平台里，所有人一起学习、一起成长，带着幸福感和富足感，共同努力，推动企业自学习社群的建设，帮助更多的人和更多的企业建立自己的众智共享平台，激发企业无限的创新力与活力，并为社会创造更多的可能。

三、教导读书会的核心价值与使命

企业的学习管理，上课不是刚需，读书也不是刚需。真正的刚需，是让公司的员工众志成城、上下同欲、群策群力，取得工作成果。所以，我们就以读书为主题来激发每一个人的智慧，促使他们在工作实践中不断反省，不断小微创新，进行众智共享，发挥创造力，并最终取得成果。

读书的目的，是为了读懂自己，读懂行业，读懂这个时代的趋势，做出卓越的成绩。所以，读书只是个"引子"，最终是为了点燃生命、付诸行动。也就是说，首先要读书，即读书里写的内容，并与自己的工作结合起来；其次是读人，就是读作者这个人，读他的态度、他的思维；然后是读事，即读懂自己的工作和自己的事业，读懂自己和同事共同完成的事业。最后还要有所收获，也就是我们所说的"赠礼物"，要为同事和公司贡献自己的智慧。

这样"读"下来，人的能力将得到不断提升，工作得以不断改进。为企业创建自学习社群和众智共享平台，这就是我们教导读书会的核心价值和使命。

四、从读有字之书升华为读懂无字之书

教导读书会不只是读书,还要通过读有字之书来读懂无字之书,并让自己生发出智慧的火花。因为教育的局限,我们中的一些人将读书变成了"死读书"和"读死书",知识储备并不少,而知识的"内化"却不够,这就导致知道得很多,但是很少能落实到行动中。

教导读书会是通过有字之书来读懂自己,反省自己,然后让自己的行为发生改变,这就是所说的读懂无字之书。对企业来讲,共建自学习社群是在引导员工,在自己的岗位上不断积累、不断改进。

第三节
自学习社群与教导读书会共筑众智共享平台

一、推动一场自学习的革命

在一个真正的众智共享平台中，个人的职位、工种等都是被拉平的。学习的时候都是学生，分享的时候都是老师。我们还期待在企业自学习社群里面，人人都是学习官。

云南有一家连锁餐饮企业是我们自学习社群中的成员。这家公司在开读书会的时候，一位基层的洗菜工分享说："我离开学校都三四十年了，从来没有学习过，我在很多单位上过班，但是从来没有哪家公司会让我来学习。但今天，我们的公司竟然愿意给我这样一个洗菜工学习的机会，而且还让我发言，我非常感动。我以前经常换工作，以后我再也不换了。"这位女工为什么会感动？因为公司给她说话的机会，让她有了存在感，这是一种尊重。这种参与感与尊重感，成就了员工，也成就了企业，在帮助员工的同时，员工也为企业贡献了智慧，增强了企业凝聚力。建立自学习社群之后，员工有学习和发言的机会，最终要解决的问题就是让每一个成员都成为参与者，让每一个成员都成为贡献者。

教导读书会能帮助企业静下心来学习，"速成"的事物往往也带有副作用。要让企业稳步发展，就必须在企业内部形成一个常态化的自学习氛围，并根据市场的反应，不断地去调整自己的运营，而不是要求市场为自己改变。

自学习不在于你一次"吃"得有多饱，而在于你一日三餐有没有按时就餐。在读书会中，发现有些重要的事，就要记录下来，然后找相关的负责人去解决，否则读书会就开不长，也开不下去。读书会要注重流程，严格把控时间，同时还要听取别人给你的反馈意见。听完反馈分享后要直接找到分享的人，帮助他总结提高。

我们希望将教导读书会打造成为一个众智共享的平台，推动一场人人学习、人人为师的革命。让每个人都能在其中学习成长，让每个人都能在里面生发智慧，让每个人都能分享自己的智慧。

二、打造众智共享平台

社群越大、越开放，信息流越丰富、越正向；连接和碰撞越多、越频繁，社群就越有活力、越有智慧。我们的教导读书会建立线上部分，主要就是希望能增加社群平台的开放性，通过互联网连接到更多人。

目前，有些企业学习了我们之后，要求每个部门都要组建自学习社群，每月都开读书会。投入最多的一家企业，一次性花费 200 万元来做这个自学习项目；还有一家企业有 50 个分店，每个门店投资 2 万元来组建自学习社群。

这些企业建立了自学习社群之后，我们公司的首席学习官就需要不断地免费上门服务，到这些企业的读书会现场，带着他们的学员进行自学习，进行点评和反馈，帮助他们完善机制，提升学习效果，培养他们自己的首席学习官。原来的企业学习都是把人集中到一个会场，比如在酒店，然后请一位老师来培训几天，算下来人均交通食宿费用都要 2 000 多元。现在我们直接上门，主动服务，替企业省下了一大部分的成本。很多企业通过教导读书会，打开了经营思路，收获了成果。

苏州有一群我们的学员企业家，他们每个月定期一起读书，一起游学，一起讨论企业中面临的经营与管理问题，已经坚持五六年了。这群企业家在一起学习交流的过程中，彼此的了解越来越深，感情越来越好，这个群体的影响力也越来越大，加入的企业家越来越多。于是，这个自学习社群慢慢地由原先的读书会社群进化成了"私董会"社群——他们自己称之为"校董会"。

我们并不希望将企业建成一座座封闭的自学习孤岛，而是希望将一个个自学习的小社群，连接成为一个开放、共享的大社群。我们将这些由我们公司的读书会复制衍生出来的、分散在全国各地的自学习社群联合起来，设立了"教导联合大学"，旨在打造一个开放的企业学习平台。

我们培养了大量的首席学习官，到各地方、各公司去帮助他们建立自己的读书会，打造他们自己的自学习社群。教导联合大学将自下而上与自上而下的企业学习结合起来，成为我们经营管理中创新实践的大平台。

在这个开放的大平台、大社群中，涌现出很多的创新与智慧，每个参与的个人与公司都会从中受益。这个大平台中，已经孵化出各种创新的产品与项目。我们始终相信群体的智慧，相信共享的模式，相信社群的力量。

一位自学习社群的参与者在参加了我们的读书会之后，专门写了一篇文章，从他个人的角度表达了对读书会的看法（见附录一）。

附录一

教导读书会，众智共享注定不同凡响

一、学习是人类共同的生存基因和智慧能量

据我近年来在"双创教育"中的研究发现，人类最显著的特质至少有这样几点：集体学习，众智互慧，联合创新，益利共享。

集体的学习形成了众智互慧的最强劲、最有效的聚合力量，联合创新的功力产生了以理论、科学、技术和文化为内核的人类进化与社会进步的丰硕成果，人类在利益共享的基础上成为地球上绝对的优势者。如果凭着人类一个个单独的个体，哪怕有着七尺的身躯，在任何一种食肉动物的面前——大到豺狼虎豹，小到蛇蝎蚊蝇——恐怕都不是它们的对手。当然，除了不可抗拒的自然力量之外，真正让人类毁灭的一定是人类自己。一切人类强盛的事实，无不印证了这16个字——集体学习，众智互慧，联合创新，益利共享。

二、自学习模式就是企业组织的内燃机

1. 如何建立自学习组织？

这是从我做云南省就业局局长开始，已经困惑了我一二十年的问题。2002年，我受命离开了用6年时间成功创办的云南省人力资源开发中心，回到云南省就业局担任局长。上任伊始，领导找我谈话时表示，希望我能认真研究如何建设学习型组织并加以实践。遗憾的是，我一直都交不出满意的答卷。问题出在哪里呢？因为我既不能进行顶层设计，也没法搭建实施体系，自己也缺乏高屋建瓴的能力与水平。从第一次观摩了教导读书会的自学习模式的那一刻起，我眼睛一亮，豁然开朗，这不就是一种最好的学习型组织的建构模型吗？

2. 一个企业立于不败之地的根本靠什么？

一个企业要想立于不败之地，最根本的是人力资本。但是，你要让普通的员工、劳动者成为人力资本，又靠什么？一条重要的途径就是靠教育和培训。那么，最有效、最合理的投入产出方式又是什么呢？那就是自学习。

未来，不论哪一个企业或组织，如果不能把自己内部的自学习搞定了，那么这个企业就不能成为一流的企业，就不能成为创造一流效益的企业。教导读书会创立的自学习模式是一种超越性的创新，可称之为"一场学习型的革命"。

我的父亲是军人，我也是军人，我知道中国人民解放军为什么被叫作"大学校"和"大熔炉"，那就是"支部建在连队上"，属于"连、排、班"阶梯式的学习型组织。军队里一整套的自学习模式，是高效的，它源源不断地产生人才和战斗力。

3. 什么叫"知识就是力量"？

我个人以为，拥有了知识并不一定就有了力量，知识只要不被转化为应用价值，就不能真正转化为力量。教导读书会通过其独特的自学习模式，让知识在自学习和实际的应用中，产生出数倍、数十倍的力量和价值。这种"倍增"效益为企业注入了强大的活力，无疑是最具有生命魅力的创新与创造。

教导读书会的创建者，未雨绸缪，先人一步，引领未来，远见与胆识令人钦佩。他们用趋势的眼光来观察移动互联网时代的未来，在学习领域独创自学习模式，为企业开启众智共享的大门。相信不久的将来会有更多的企业加入教导读书会，将成就一批又一批优秀的企业。众智共享成就非凡！

附录二
一位社员在线下教导读书会上的分享

通过教导读书会的平台，我接触到了"老侯代读"，后来宦飞导师到我的企业做了一次自学习社群研讨会，在研讨会的现场我突然产生了很大的感悟，那天我当着员工的面哭了。大家都知道做企业是很累的，特别是像我们这种全产业链的文化企业，包含了产品设计、加工、销售的全部过程。我们用 3 年时间找到了适合我们的销售路径。但是这条路非常难走，让我觉得走得特别累，我就像一个消防员一样，不断地去处理各种烦琐的事情。但是这几天在这里参加教导读书会密训，我的手机没有响过一次。这是什么原因呢？就从每一本书说起吧。

艺术衍生品这个行业在欧美一些国家是比较成熟的，很多国外的家庭会在周末的时候带着孩子去看艺术展览，顺便会买一些艺术衍生品回家。这种形式在国内还没有流行开，所以我们前期的工作就非常困难。为了推广这种理念，我做了一个大胆的尝试，在全国开了十几家实体店。大家都知道，在目前这样的市场环境下，实体店非常难做，特别是我们的产品不是生活必需品。开店前期，我和我们的店长都是焦头烂额的。九寨沟店是我们的核心店面，我个人会开车八九个小时从公司到店里去，来来回回 20 多次，但是自从学习了教导读书会的课程后，我将教导读书会的观念教给我的店长们，让他们去实地操作。从那时起我没有再去过九寨沟店一次，而他们的营业额较之前竟然翻了 3 倍。

第一点启发来自《需求》这本书。我们公司有签约设计师 30 多位，工艺品 100 多个品类，包括现代艺术、古典艺术、欧美艺术等，可谓琳琅满目。之前我要求所有的产品在每一个店中都要有销售，我一直奉行的是"没有卖不出去的产品,只有卖不出产品的人",结果却不尽如人意,产品销量很差。这个时候,我读到了侯导代读的《需求》这个视频,他告诉我们要针对市场需求进行营销。我做了大胆的尝试,改变了以往强行铺货的模式,变成让门店的店长自行选择本店的销售品类。例如,九寨沟的门店,去那边旅游的人一般会对藏族文化感兴趣,于是店长就选择了有关藏族文化的产品,效果非常好。从 2019 年 12 月开始,我同意各个门店有权向我退货,将不适合本门店销售的品类换掉。改变模式之后,各个门店的销售额都翻倍了。

第二点启发来自《海尔转型:人人都是 CEO》一书。之前我们公司的产品设计是由我和公司的设计师共同设计的,因为我并不了解市场的情况,导致库存越来越多。看了侯导的分享之后,我就放权给了各个门店的店长和设计师,由门店的店长为设计师的设计投票,让"听得见炮声的人"去做决策,我只需要最终确定,即可投入生产。改变策略之后,我变得越来越轻松,甚至都不必关注我们现在有什么产品。

第三点启发来自《体验经济》一书。我们门店装修得非常漂亮,但是有一个问题一直困扰着我们,就是很多游客只会在门口徘徊,却不进店,这样就非常影响我们的销售。通过宦导在研讨会中分享的《体验经济》,我们想到,只有带给顾客更好的体验,才能让顾客走进店里。于是,店长在门店的门口写了这样一个提示板:"凡进店的顾客免费休息,免费 WiFi,免费提供手机充电,免费提供宠物喂水,免费拍照。"结果人流量增加了很多,销售额是之前的 5 倍。

第四点启发来自《第一次把事情做对》一书。第一次看到这本书时我就召集公司的研发团队、销售团队、物流团队一起来学习,并分析:为什么我们优良的产品会滞销?为什么总是不断地出现市场问题?在读书会中学习到一个概念叫"差不多",讲的是每个环节的人都只做到"差不多"，结果就是业绩"差很多"。因此我们觉得，每个环节都必须制定规则和制度，比如，一项任务说好几天完成的工作就绝对不能拖沓，不能逾期，每一个环节都按部就班地完成。这样一来，我们的整个工作流就顺畅了。

教导读书会让我和我的企业受益颇多，线上的学习让我们学到了更多的新知识、新理念，线下的教导读书会又让我们在思维的碰撞中形成了新的思考模式，以其指导企业实践，让我们的企业获得更大成长。希望以后能有更多的企业走进教导读书会，而我也会成为教导读书会的推动者和践行者。

第八章

准备挑战：改变自我，开启众智共享

敌近而静者，恃其险也；远而挑战者，欲人之进也。

——孙子

引子：做一个既能高高在上又能俯下身姿的管理者

在探索与实践众智共享的过程中，我们的收获很多，挑战也很多。尤其是企业文化氛围的创建，能够对其产生影响的因素非常多。可以说，企业文化就是企业这个组织中各种人、物、事、境、时等种种复杂要素碰撞之后涌现出来的一种现象。但总的来说，"管理者性格决定企业性格，管理者文化决定企业文化"，从中不难看出管理者对一个企业的重要影响作用。

假如说管理者本人拥有广阔的视角、深远的目光、辩证的思想，那么这个企业的包容性就会很强。如果管理者高高在上，就会成为企业的天花板；管理者俯下身子，也可以成为企业的起跳板。优秀的管理者，他既是起跳板又是天花板，他要让企业"跳一跳、够得到"；而更优秀的管理者，他既不是起跳板也不是天花板，他会跳出这些语言或者概念的束缚，只随环境而动，却永不被定义。

一、管理者角色的转变挑战

很多企业领导者都是见子打子，想起来一出是一出，管理动作完全由个人情绪来主导。忙的时候就不管团队，焦点放在其他事情上。突然想起来了，就把团队训一顿。这样的企业领导者想打造自学习社群，根本就坚持不了多久。

还有很多领导者习惯于效率思维，在打造自学习社群这件事情上有点急功近利，总想着立竿见影。做事情的时候，施加一些压力，用一些行政手段，速度会加快。但是，培养团队是需要小火慢煨的，团队不是骂出来的，而是用心和实际行动带出来的。如果我们想让企业稳步发展，就必须在企业内部营造一种常态化的自学习氛围，并且根据市场的需要随时做出改进。

要改变个人习惯和定位，对每个人来说都是一个很大的挑战。有的领导者脾气火爆，不会也不愿意把精力花在人员的管理上面，这主要是他对众智共享的认知度还不够。有时领导者喜欢听某句话，他就希望你共享自己的智慧，一旦你说了他不喜欢的话，就容易争吵起来。

要实现众智共享，就要打造自学习社群，而社群又应该去中心化。因此，我们提出"首席学习官"的概念，就是为了实现管理者角色的转变。在自学习社群中，让他们由企业经营管理者转变为社群中主题方向的把控者，对员工起到教育引导的作用。

那么，如何教育引导员工呢？第一是提供知识，第二是点燃生命。这对于很多企业的管理者来说，有悖于他们的习惯，也超出了他们的经验。

首先，拿提供知识来讲，很多企业管理者本身就不爱读书，也不重视学习，这对于打造自学习组织来说，就是一个非常大的挑战。我们在前面讲到过，我们拿什么主题来喂养社群，社群最后就会形成什么气质和文化。好的社群塑造一群人的灵魂，不好的社群毁掉一群人的灵魂。我们参与什么样的社群，这个社群喂养我们什么，我们也会变成什么样的人。那么，对于一位需要提供知识的首席学习官来讲，该如何设置你的社群主题，如何打造社群文化，这对于很多管理者来说，都是一个挑战。

在读书会中，读书并不是核心，分享反馈才是精髓。首席学习官就是要在会议中把控现场，引导话题，让参与者激发出智慧的火花，让每个人都受益。那么，如何在读书会中对分享者进行反馈？很多没有经验的管理者也很难做到。

其次，关于点燃生命。点燃生命，就是让一个人努力去做自己愿意成为的人；点燃生命，就是找到自己愿意去努力成就的人。这才是生命的本质。如果你今天还没有找到一个值得你去效仿并奋斗的人，那你肯定不会努力，你的技能也会随之下降。比如，一个刚毕业的学生，他希望自己的父母老有所养，他就会有动力为之努力奋斗。当他恋爱的时候，他希望能给自己的爱人最好的生活，他就找到了动力。当他们做了父母之后，他希望为自己的孩子创造更好的成长环境，他就找到了动力。如果这些问题他都解决了，而且心里还装了更多的人，那他就会有更大的成就。

真正的领导，是做事育人，通过成就他人来创造伟业，又通过创造伟业来成就他人。企业领导者要有育人的意识，无论是替企业育人，还是替社会育人，都是企业的使命。作为一个领导者，最坏的一种情况就是抹杀了员工发展的可能性，浪费了他们的时间，这种行为等于谋杀。当你作为一个公司的领导者，员工跟着你干了三年，你给他的都是一些负面的、糟糕的东西，可以说你对他的生命是极为不负责任的。还有一种管理者，他的眼里只有事情，只有目标和绩效，根本不管员工，这种领导者其实就是一个监工。跟着这种管理者，你的个人能力和心智都不会有成长。最可怕的是，一种领导者，拉着一群人相互耗时间，最后把人的能力都耗尽了，把人的志气都耗光了。如果管理者想让自己的企业在时代的洪流中发展壮大，就应该从自身开始进行角色转变。

二、自学习社群学习力挑战

企业自学习社群，还有一大挑战，那就是学习力，这是需要学习和培养的。很多时候，学习一项新的内容，是需要一定的知识基础的。这个世界上有一些很会学习的人，他们有钻研精神还有学习的能力。比如，被誉为钢铁侠的埃隆·马斯克，他的学历只有本科，而且学的是经济和物理。但是，他从小就培养了强悍的自学能力，10岁就自学了编程，12岁就开发软件卖钱。最不可思议的是，他竟然完全凭借自学成为火箭领域的科学家。

这种神奇的能力，普通人往往并不具备。我们在打造自学习社群的时候，遇到的一大挑战，就是很多人的知识基础比较薄弱，学习能力比较差，而且学习习惯也没有养成。具体体现在以下几个方面。

一是学习态度问题，不够坚决，也不能坚持。很多能力的培养，开始往往都是从痛苦开始的，经过长期坚持才能慢慢养成。学习其实就是这样一个过程。我最初当老师的时候有过一个小小的感慨，当老师比当学生可轻松多了，因为当老师每天是做你会做的事情，而当学生是每天做你不会做的事情。对于我来说，每天做不会做的事情其实也别有一番乐趣。但这种体验，并不是每个人一开始都能体会到的。习惯需要时间的培养，需要实践的磨砺，很多人还没有坚持到习惯成自然并从中体会到快乐的阶段就放弃了。尤其是在团队学习这件事情上，很多领导者遇到一点反对的声音和阻力，或者看到团队懒懒散散不积极，他们就开始动摇，觉得"还是别瞎折腾了"。学习的乐趣与收获，最终是属于那些充满好奇、敢于坚持和挑战、敢于行动的人的。

二是不能深入思考，学习的深度不够。学习一项新的知识，一门新的课程，需要经过一定的总结和归纳，才能理解和吸收。很多人基础没打牢，总结和归纳的能力也比较弱，因此接受起新知识来就会比较困难。更令人苦恼的是，学习了知识以后还抓不到重点。还有一种情况是关联度不够，学习了新的知识后，仅仅停留在知识层面，没有对自己的既有认知和习惯模式进行参照反省，不能和自己的工作关联起来。这种学习，也是缺乏深度的，能带来的进步也不大。

　　三是学习之后停留在知道的层面，自己并没有改变，也没有行动。我们生活中有大量的信息，但是这些信息带来的结果，取决于看信息这个人的心态。不管是看视频也好，看新闻也好，看书也好，大部分人都是为了知道去看。我们现在倡导的自学习，是为了让自己悟到，能够改变和改进自己而去看。所以自学习，倡导的是成果最大的学习，是向自己学习，懂得反省自己。很多人经历了一件事情之后，并没有从这件事情中学到任何东西，自己的思维方式和行为模式还是和原来一样。如果他懂得反省，那他成长的速度就很快，因为他经历的每一件事情对他来说都是在提高。当我们的员工能够在做中学、学中做，在工作中学习工作，那我们的人才就会在工作的过程中孵化出来。一个企业员工的成长速度，决定了这家企业发展的速度。

　　其实，学习完了之后，很快地用于实践，然后通过实践的结果来对自己的学习成果进行检验和反馈，这样的学习效果是最好的。这就像一个游泳教练给一个不会游泳的人讲人体密度和水密度的关系，讲游泳的姿势动作和原理，这个人也完全懂了，但是最终还是需要他去水里扑腾一番才能真正学会游泳。对于很多人来说，知道是一回事，行动又完全是另外一回事。很多人学习了知识之后，没有变成行动者，反而变成了评论家。这也是我们不太赞成的一种方向，也是我们经常会遇到的情况。因此，在我们的自学习社群中，我们会尽力避免上面的种种误区。

三、从被动学习模式到主动学习模式的转变

目前,企业学习的主要模式,都是被动填鸭式学习,而且主要是高级管理人员学习,中基层人员不学习。我们需要将这种被动式学习转变为主动式学习,以便我们更好地打造众智共享的自学习社群。

在这个社群里,我们会固定时间召开固定的读书分享会,通过知识点来引导大家去联系和思考,提升自己的不足,发现公司的问题,同时提供新的解决方法。企业自学习社群的建造,实质就是在原有的管理模式中,推动一场"人人为师、人人在学"的众智共享的学习模式。

企业自学习,它有一套完整的系统。首先是要制度化,要有固定的时间和机会来学习、分享、交流、改进。领导者要亲自抓,学习的内容要和公司的战略方向相匹配。

学习最好的模式就是在你的组织和团队中建立学习基因,把从上至下的学习变为从下至上的学习。我国前几年的企业学习都是领导学,员工不学,这两年已经慢慢转变为领导很少学,员工和高管重点学。员工从来不学,就不能深刻理解公司的战略意图,就不知道怎么去做。这样,领导就只能干着急,而且还会很累。现在,打造自学习社群,是让员工每天学习总结,然后再向管理者汇报,管理者则负责监督和检查学习成果。

还有很多企业,虽然做到了学习,但是很少有交流和碰撞;而交流和碰撞对于学习来说是十分重要的一个环节。当个体之间、群体之间,他们的信息可以共享、智慧可以共享,就能涌现群体智慧。这就好比开车的时候,路上的每一辆车都分享着自己的路况,他们的信息就能拼凑出哪条道路畅通,哪条道路拥挤,这样其他人就可以绕开拥挤的道路,使城市整体的交通效率得到提高。

以上这些挑战，是企业打造自学习社群时经常会遇到的，也是我们教导联合大学这个更大的自学习社群的课题。相信有我们这个更加开放的社群众智共享，能帮助遇到挑战的广大企业发现问题、提出问题，解决问题。

后　记

写书是一件漫长而艰苦、曲折而兴奋的事情：有时野心勃勃，有时灰心丧气；有时思如泉涌，有时绞尽脑汁；有时冷静理性，有时发散跳跃。这本书写到这里，我们讲了很多的理论与概念，也讲了一些实践故事，甚至还做了一些项目的推广；行文上，也完全随心所欲，不拘一格。自忖，书中有精华，也有糟粕；有警策，亦有废话。只希望读者能忽略范式，得意忘言。

感谢宦飞导师与我一起分享与分担，既包括推动教导读书会项目，也包括创作这本书。未来并不确定，但我们的名字已经一起印在这本书上！

感谢各位首席学习官及公司伙伴，任何事情要做好，肯定不会是一帆风顺、轻松愉快的。但众智共享一定是方向，我们一起继续加油！

最后，在这里要感谢各位社群成员与各位读者朋友，能与你们连接，让我的每个当下变得更有意义，让我受益无穷！

2020 年 10 月